説出好人緣

謝震武的獨門説話術

作者簡介

謝震武

台大EMBA，政大法律系畢業，目前為「謝震武律師事務所」負責人，同時也是國內知名電視節目主持人，主持風格清新溫暖，尤其在談話性節目中，常讓來賓不自覺地真情流露。

目前主持年代「新聞面對面」、中視「超級法律王」、八大「17好聰明」，並曾先後主持過益智、談話、兩性及親子類等十多個節目。

曾獲《Cheers》雜誌票選「說話最得體的名人」第一名。

榮獲五屆《讀者文摘》最受信賴新聞時事節目主持人。

多次提名、入圍金鐘獎最佳節目主持人。

節目主持：

年代新聞台「新聞面對面」

八大綜合台「17好聰明」

東風衛視「醫定要知道」

中國電視公司「超級法律王」

年代MUCH台「今晚誰當家」、「百萬大富翁」

緯來電視台「天黑請閉眼」

八大電視台「大家來審判」

華視電視公司「快樂有GO正」

台灣電視公司「超級大富翁」

民視電視台「民視監察怨」、「天天星期八」

中天電視台「今晚哪裡有問題」

「海峽兩岸知識大賽」

衛視中文台「天天五星級」

MOMO親子台「小朋友大人物」

公共電視「公民衆意院」

……等節目主持人

〔暢銷慶功版新序〕

《說出好人緣》慶功再版了！

從二〇一〇年到二〇一八年間，到底發生了些什麼事，讓我們覺得應該再版呢？

這段期間傳統媒體漸趨沒落、網路時代蓬勃發展，每個人都可能是網紅，每個人都有機會面對鏡頭、面對所有人；柯P當選台北市長，直白的發言擄獲了許許多多年輕人的心；川普做了美國總統，幾乎每天都有和媒體或人民對嗆的新聞；喔，對了，法國贏得了世界盃足球賽冠軍！這幾件乍看幾乎沒有什麼關聯的事，但它們真的沒有關聯嗎？有！它們都和說話有關係！

先說法國的冠軍吧，我在這本書中提到過適當得體的談點時事是打開人際關係最好的鑰匙，在世界盃足球賽這段期間，就算是第一次碰面的朋友，正愁不知道要拿什麼當敲門磚時，一句：「姆巴佩好神勇、C羅真是厲害或PK賽好刺激」等等，就這麼三兩句話，人們之間的隔閡無形之中就打破了，不是嗎？至於柯P和川普二人，那就更和說話之道有關係了，他們二人似乎帶領了一股說話直白的風潮，再加上網路上某些網紅、直播主毫不避諱、直來直往的嗆聲，感覺上說話越直接按讚數越多、業績越好，這些點點滴滴累積在生活周遭的事，都讓人不禁懷疑，咱們還需要學習說話藝術嗎？這個年代越直接越露骨的話語是不是越能獲得掌聲？越能獲得好人緣？

在這我必須說，直白和白目是不同的；是，越白目、越露骨的話術也許一時會吸引到目光，但這到底是一時看熱鬧的刺激，還是真正的力挺或贊成，恐怕仍值得深思！

時代容或在變，潮流也在變，但有很多事還是不會變，適當得體的說話，永遠是讓你在人際關係或工作職場上無往不利的成功利器，現在，就讓我們一起來學習——說出好人緣吧！

〈作者序〉

說話是最簡單的一件事，卻也是最難的

律師這個行業，在你印象中該是什麼樣子的呢？

可能有很多人會說，就是靠說話賺錢，口若懸河、以分鐘計費的人；談到對主持人的印象，更有許多人會說，那不開口說話行嗎？因為大多數的主持人都是舌燦蓮花、出口成章的，你大概鮮少會看到話說得不好的主持人吧！

正如你所知道的，我是一位律師，同時也是個節目主持人，那依上面的說法，我應該會比一般人多花好幾倍的時間在說話吧！

答案是——錯！

事實上，律師不是一直在說話，而是得花更多時間在蒐集、研究資料上，更重要的是，必須仔細聆聽別人說話，每次開口幾乎都一語中的。所以當律師的，話不用多，但要說得準、說得狠；同樣的，主持人的工作是讓節目順暢進行，尤其要在節目當中發揮穿針引線、畫龍點睛之效，所以主持人要花很多時間與心思聽來賓談話的內容，好決定接下來要拋什麼議題給其他人，或是要接什麼話。否則，要不就是來賓說什麼，你根本不清楚也回不了話，要不就是主持人的話多過來賓，那你就當來賓就好了，還當什麼主持人啊！所以當主持人的，話也不用多，但要說得妙，說得巧！

說實話，我一直不覺得我是個特別會說話的人，充其量只是得體而已，雖然也常會被別人問到為何我很會說話？或是直接讚美我說話讓人感覺很舒服（請記住，說話得體、令人舒服與逢迎拍馬是完全不同的喔！）但我也總是認為這只是朋友的溢美抬愛之詞，直到二〇〇八年《Cheers》雜誌票選我為「最會說話的名人」之一時，我再回頭審視細思，才發覺我好像確實從小到大鮮少在說話時出過什麼漏子。

不斷地吸收旁人說話時的精萃，海納百川之後，再加上個人職業的洗鍊，就讓「說話」這件事成了我的工作利器，更成為生活社交的潤滑劑！

有了上一層自我感覺良好的認知後，我便開始再三注意身邊的人說話的內容。

請你現在閉上眼睛仔細想想，身邊一定遇過一些美女、帥哥，或家境不錯的公子、千金們，照理說應該有不少人喜歡親近他們，但他們偏偏就是沒有人緣，工作也不一定順利，對吧！你千萬別說因為旁人嫉妒他們，才排擠他們，真正的原因可能是他們太過心高氣傲，講話常不加修飾，往往傷人而不自知；又或者你的朋友、同事中常有人說了一些白目的話而不自覺，不只丟了友誼，更可能影響自己的前途。所以說話這件事，雖不一定嚴重到一言興邦、一言喪國，但與你我生活息息相關，卻是不爭的事實！

說話是最簡單不過的一件事，但也是最難的一件事；說簡單，是因為大多數的人，開口就能說，即使瘖啞人士也能以手語交談。而且自從嬰兒時期牙牙學語，發出第一聲喊爸叫媽開始（不信你回頭問問你爹娘，你第一句話不是叫爸爸就是叫媽媽，說穿了，也沒啥了不起的，因爲除了這二個字好發音外，更重要的是教你開口說話的通常是爸爸媽媽，所以都教你說這幾個字啦！我有一位朋友，小孩都長大了，夫妻倆到現在還在爲小孩開口說話時，說的第一個字是爸爸還是媽媽而爭論不休），說了一輩子，也從來不覺得說話這件事需要學習，殊不知可能在無形中早已錯失了許多良機，甚或結下了許多樑子而不自知；說這件事困難，指的是怎麼能說得好，說得巧！尤其在許多關鍵時候該說些什麼，才能發揮效用。

說話如此重要，那麼該如何把話說得好，說得巧呢？

有些人覺得把話說得多，說得快，就是會說話，你覺得是嗎？

在達爾文的「物競天擇」理論下，所有的生物都會為了生存而做最佳的演化，那麼你就該明白為什麼人有兩片耳朵，卻只有一張嘴了吧！

大自然的演化告訴你，凡事要多聽少說，先聽後說。再看看咱們臉上的構造，兩耳中間是腦子，再來往下才是嘴，也就是告訴你，不是所有想到的話都要衝口而出，而是要經過腦子思考後再說，不是嗎？

這本書把我律師執業過程中、主持節目時，以及生活上看過的跟說話有關的趣聞妙事，摘錄以饗讀者。希望看完本書後，大家都能因此而有所收穫，並進而在生活上、工作上有所助益，誠吾所願也！

目錄 Contents

第二章 說話的藝術

第三章 談判權利學

第四章 上班族的生存之道

第一章

說好話贏得好人緣

01 學說話之前，先學會聽話

兩個耳朵，一個嘴巴

提到說話，我想跟大家分享的第一堂課，並不是什麼說話的技巧，而是傾聽的藝術。

懂得傾聽，其實比如何說話更重要，要不然，人爲什麼會有兩個耳朵，只有一個嘴巴，就是這個道理。**多聽別人講話，先把話聽清楚，才能夠正確回應，成爲一個說話得體的人**。

我是家中的老么，和大哥的年紀相差十幾歲，所以小時候，家人在講話，我總是在一旁默默的聽，很少插話，這也養成我日後習慣先聽別人說話，經過邏輯思考後，再將話說出口的原則。

想成為說話高手，有兩個最重要的關鍵，第一就是多聽、多累積說話的素材；其次則是邏輯訓練。

所謂良好的溝通，並不是要你趕快接話，而是要專心聆聽。唯有多傾聽，多察言觀色，說話才能恰如其分。

在我主持的一個談話節目中，有一次我們談到某個話題時，一位來賓因為搶著搭話，於是發生牛頭不對馬嘴的情形。

「雞屎白（一種中藥材）有一股很重的氣味……」

「對啊！我家附近也有一個養雞場，那股雞屎味，眞是臭得讓人受不了。」

……

「雞屎白」跟「雞屎」，雖然只差一個字，但是差一字就差很大。

「雞屎白」指的是公雞雞糞上白色的部分，將它烘乾研磨，便成為一種中藥。坊間認為，雞屎白不但可以利尿，對於跌打損傷以及治療眼睛疾病都有一些效果。那位來賓如果能夠仔細把話聽完再回應，想必不會發生這樣的糗事。

想成為說話達人的第二個關鍵是**邏輯訓練**。

訓練說話的邏輯有很多種方法，對忙碌的現代人而言，最方便的就是利用平日的活動做為訓練的機會，例如看電視或是聽演講，都是很好的自我訓練機會。

一般人都把看電視視為純粹的休閒活動，兩眼直盯著電視螢幕，偶爾張口哈哈大笑，放鬆心情，讓腦袋停止運轉。

其實不妨可以利用看電視的機會做自我訓練。例如我看電視時，經常會「自他交換」，假設我是該節目的主持人，當我遇到這樣的來賓時，我應該如何反應？如何導引？如何營造說話的氛圍？說話才能更得體。

建議大家都應該善用日常生活的種種機會，進行邏輯思考的自我訓練，說話才能更流暢、更得體。

好的傾聽者勝過不得體的說話者

很多人都以爲，要炒熱氣氛，就得趕緊加入談話。一個好的傾聽者，遠勝過一個不得體的說話者。因爲一般人通常不會寄望自己說話時，一定要有人答腔，他們眞正在意的，反而是自己說話時，對方有沒有認眞聽。

如果你認眞傾聽對方的談話，他就能感受到你對他所說的內容感興趣，也會因此說得更起勁，話題自然就更熱絡。

有些人在聚會時，不懂得聆聽的藝術，只是一個勁兒的自說自話，完全不理會旁人的臉色，也不考慮別人當時的狀態。例如幾個朋友聚在一起，其中可能有一、兩位新朋友加入。

有些人就會針對某人的狀況追問：「耶！你不是跟某某人在交往嗎？」但是其實你也許不想讓那些新朋友知道你的私事。

當其他朋友都聽得冷汗直流，不斷幫忙轉換話題，但他自以爲跟大家都很熟，知道很多人的八卦，認爲這是個可以做爲大家聊天的話題，所以還是不斷窮追猛打，彷彿要提供大家茶餘飯後的娛樂話題一般。

要知道，有時候，聽話比說話重要。而聽話必須聽得懂對方在話語中所傳遞的訊息，也包括要讀懂人家的表情，不是自己滿腦子想一堆話題，不斷拋出，完全不管其他人的反應如何。

如果一個話題硬生生被轉掉，就表示對方不想談這個話題，最好不要再繼續說下去。如果有幾個朋友在聊某個話題，你在後來想加入他們的談話時，不要一直打斷別人，爲自己找機會插話：「對對對，我也聽說過……」好像想表現自己，爲了表示自己參與其中，就急著加入談話的行列。

大部分學過經濟理論的人都知道這句名言：「十個經濟學家，有十一種經濟意見。」結論就是，每個人的理論都行不通，因爲大家都覺得自己的想法最好。很多好朋友在一起，有人出意見，有人負責配合，這也是好朋友的一種。如果每個人都要發表意見，五個人就有五種意見，就無法變成一個團體。

有人負責說：「好啊！」、「ＯＫ」、「幾點？」；有人負責出意見；有人負責採買，有人訂餐廳，這樣不是很好？

學會傾聽才是說話的開始

傾聽別人說話有兩個重點，第一是專心；第二是誠懇。

與人談話時，眼神一定要專注。當你專注聽人談話時，自然會以點頭、皺眉等肢體動作，傳達出你對話題的投入，說話的人一定也會感受得到。

有些人表面上在聽別人談話，但心思早就不知飄移到哪裡了，或是只關心自己想講的內容，不斷找機會插話，至於對方在說什麼，根本沒有聽進去。

誠懇，指的是藉由眼神接觸或是肢體語言所顯現出來的一種態度。如果眼神東張西望，一副心不在焉的樣子，說話的人心情一定也會受到影響，和你談話的興致也大打折扣。

從傾聽中可以知道對方對哪些主題有興趣？偏愛什麼樣的話題？從中找出彼此可以共同談論的內容，再慢慢轉入自己熟悉的領域，讓話題繼續延續下去，這才是接話的禮貌與技巧。

人際關係有很大部分是建立在溝通之上，搶著發言對自己不見得有利。你可以先在旁邊聽，不要著急，總會有你說話的機會。

如果你嘗試插話過後，他們還是繼續聊他們原來的話題，那就表示你的話題沒有被接受，此時你可能仍在一旁繼續思索，還有什麼話題可以插進去。

其實，這時候只要在一旁聽他們說就可以了，不一定要加入談話。在旁邊聽，不代表你沒有融入他們，不是一定要說句話，才表示你跟他們是同一個圈圈，才有參與感。

因爲學會傾聽，才是學會說話的開始。

02 小心說話，一字千金

最紅的演講人

會說話，眞的有那麼重要嗎？

美國前總統柯林頓離開白宮以後，靠著一年近六十場的演說，賺進超過三億台幣。這位號稱「全球巡迴演講名單上最紅的人」，每場演講的費用約在六百萬到兩千萬台幣之間，幾乎可說是全球演講費用最高的主講人之一。說他一字千金，可眞是一點都不爲過。

柯林頓卸下美國總統的職務後，每年的退休金約爲新台幣五百萬元，並不足以支付他龐大的開支。憑藉著他的金口爲他帶來大筆的進帳，才逐漸償還因李文斯基等緋聞案所帶來的官司債務，及其他調查案的法律費用（有趣吧！靠著他的嘴賺來的大筆收入，又進入另外一位也是靠嘴巴吃飯的人——律師的口袋中）。

事實上，柯林頓並不是唯一一位打著「前總統」旗號演說賺錢的人，美國前總統雷根也曾在日本進行兩場爲時二十分鐘的演講，便輕鬆將二百萬美元（約七千萬台幣）賺進口袋。

當然，我也是靠說話賺錢的人。

在我主持的電視節目中，談話型節目即佔了大部分。說對的話，固然可以爲我賺進財富；但有時候，我也會因爲別人說錯話，而有收入進帳。

幾年前，嘉義有一名擔任某公司監察人（註1）的婦人，因爲發生股權糾紛，和該公司的離職員工發生爭執。婦人一氣之下怒罵對方：「你比宋楚瑜還奸。」這句話不只宋先生會抗議，恐怕有很多人也不同意吧！甚或會有許多人覺得名字和宋楚瑜相提並論，應該是種讚美而非侮辱。只是在台灣的政治氛圍下，有人喜歡你，相對的就有人會討厭你。

最後檢方認定婦人涉嫌公然侮辱，以刑法第三百零九條第一項公然侮辱罪嫌，向法院聲請簡易判決。被起訴的重點不在宋楚瑜三字，而是在罵人「奸」。

依照我國刑法第三百零九條的規定：「公然侮辱人者，處拘役或三百元以下罰金。」也就是說，只要在公開場所，有三人以上在場的情況下，對他人有侮辱的行爲或言詞，即可能構成「公然侮辱」。

罰金事小，但有人就是嚥不下這口氣，找上律師打官司訴訟。這時候，又是律師事務所生意上門的時候了。

會說話的人，開口會賺錢；不會說話的人，一開口就賠錢。你說，會說話到底重不重要？

註1：監察人爲代理股東監督公司運作之人。

消遣自己娛樂大家

事實上，會說話不僅可以爲你賺錢，更可以爲你賺到好人緣。但是，如何透過說話拉近彼此距離，或是活絡談話的氣氛呢？

說笑話是一個不錯的方法。

大家都喜歡聽笑話，說笑話會讓人覺得你很有幽默感，喜歡親近你。講笑話時，可以用自己的例子作爲一個引子，或是把自己當成消遣的對象，這是比較高段的笑話。

如果拿別人來消遣，你不知道對方的底限在哪裡、忍受度有多少，有時候會不愼踩到地雷。最糟糕的情形，就是你自以爲是笑話，但是對別人來說，卻相當刺耳難堪，這樣反而會壞了交情。

最好的方法就是**把自己當成讓大家開心的對象**，例如我經常拿自己的眼睛開玩笑。

有一次在錄電視節目時，有人提到，現場有一位來賓的眼睛很小，我就直接回應他：「你罵人不要不帶髒字喔，你是在罵他，還是罵我？你再看看他跟我，誰的眼睛比較小？放眼演藝圈裡，除了偉忠哥以外，你還能找到誰的眼睛比我小。」（這段話會不會得罪偉忠哥啊，偉忠哥，您大人有大量囉！）

來賓們仔細盯著我的眼睛瞧了一會兒就說：「對喔！」

「你還說『對』！」我故意瞪大眼睛看著他。

也許有些人不喜歡人家說他的眼睛小，我倒是覺得無所謂，因爲我覺得我的眼睛小得蠻帥氣的。

開自己玩笑，除了讓大家開心，順便也幫來賓解圍，何樂而不爲？

隨時累積笑話

爲了隨時信手拈來都能有笑話可說，平時必須隨時累積生活上一些自己經驗過，或是聽過覺得好笑的笑話，並隨時記下來。**將這些有趣的生活經驗記在腦袋裡，碰到適當的場合，就可以拿出來用**。

在談話中，我們偶爾會談到所謂的「雞同鴨講」。這時候我就會跟朋友們說：「我以前還眞的碰過雞同鴨講的經驗呢！」

有一次，我幫一位當事人打官司。後來官司打完要宣判時，我不在法院，我的當事人打電話問我：「謝律師，已經宣判了，結果怎麼樣？」我告訴他，我人在外頭，所以還不知道宣判結果。

因爲我們的訴訟案都有編號，例如九十九年訴字（註2）第幾號。於是我告訴他：「這樣好了，你把案子的『案號』給我，我打電話問書記官。」沒想到他聽完後，很驚訝地說：「你們司法界眞的好黑暗喔！原來還有『暗號』。難怪人家都說你們一審重判、二審減半、三審蚵仔麵線（台語）什麼的。」

他話一說完，我立刻回應他：「我還長江一號咧！我是問你那個案子的訴字第幾號，不是什麼長江一號或是黃河二號。台灣的司法界還沒有這麼黑暗。」

聽到這裡，在座可能就會有人回應：「對對對，我以前也碰過一個雞同鴨講的例子……」笑話就這麼延展下去了。

註2：訴字爲在民事訴訟事件時，法院收到案件之起狀後，會編一個「案號」，作爲日後案件管制、管理之用。

03 笑話拉近彼此的距離

兒子想要我的遺產

有一天，我和兒子去籃球場鬥牛。我兒子打球非常認眞，當老爸的我當然也不能太遜。

打著打著，由於他帶球上籃的動作很大，把我的眼鏡都給撞飛了，於是我跟他說：「你知不知道，傷害直系血親尊親屬（就是父母、祖父母之輩）是要加重刑期的。」結果他竟然冒出一句：「但是我也知道，如果直系血親尊親屬不在時，會有遺產可以繼承。」他一邊說，一邊若無其事地繼續運球上籃。

「可是，如果故意造成這種狀況的話，是會剝奪繼承權的。」我也不甘示

弱，上前要去抄球。

「那你的意思是，我要自立自強囉！」說完，他就閃身上籃得分。

我們父子倆，就這麼一邊打球一邊說笑。不只身體運動，就連心靈也得到了放鬆的效果；更重要的是，我們的感情也因此結合得更緊密。

掌握笑話的笑點

在講笑話或故事時，一定要注意畫面的營造。**當你在聽別人的笑話或故事時，可以將它轉化成畫面**，有時一想到那個畫面連自己都會莞爾一笑，就是因爲有畫面的關係，因此當你在講笑話或故事的時候，也需要經營畫面，增加一些有關畫面或場景的描述，聽眾就更能融入那個情境而覺得好聽。

通常我在聽過別人所講的笑話以後，就可以直接轉述給其他人聽。但是，發生在自己身上和別人身上還是有所不同，沒有親自經歷過的事件，比較難做出當時的動作或表情，所以在轉述別人講過的笑話時，必須精準拿捏該則笑話的笑點，到底是落在某個字眼、某個哏，還是他的表情動作好笑？

幾年前，我兒子還在就讀小學時，學校要小朋友種植物，需要家長幫他們準備一個花盆。當時我女兒年紀尚小，還沒有就讀幼稚園。

那一天，我錄完節目準備回家前，特別繞到超市去幫兒子買一個塑膠花盆，回到家後，我順手把花盆遞給兒子，並對他說：「這是你明天要用的花盆。」

突然間，我眼睛的餘光瞄到旁邊有一雙非常無辜又很受傷的小眼珠子，直直盯著我瞧。當時妹妹的年紀很小，身爲爸爸的我，必須特別注意她的情緒反應。

「妹妹，妳怎麼了？」我說。

「你給哥哥買花盆，我……我……我都沒有花盆，嗚……嗚……我好可憐！」小女孩隱忍許久的情緒，終於在一邊啜泣，一邊哭訴時透露出來，彷彿這是件天大的委屈、天大的不公平。

女兒煞有介事的哭訴模樣，簡直讓我想噴飯。我心裡雖想，不過就是個十五元的花盆，也值得妳委屈成這樣，但嘴上還是得趕緊收拾殘局：「沒有沒有，把拔有買，把拔忘了，把它放在超市，明天就把它帶回來給妳。」

到了第二天，我依約買了花盆回來。

「喏！妹妹，妳的花盆。」

當她一看到花盆，便以極富戲劇性的語氣說：「花盆……花盆，你……你……你買花盆給我，好漂亮的花盆，好棒！」一副看到曠世珍寶的樣子。

看到女兒誇張又逗趣的表情，我不禁在心裡OS：「不過就是個花盆嘛！哪來那麼多情緒，妳是在演八點檔連續劇嗎？」

這件事發生在六、七年前，但是想到她當時那種極具張力的情緒反應，還是覺得太可愛了，我至今回想起來，仍舊覺得回味無窮。

不同的笑話一定有不同的笑點。

「暗號」的笑話是字眼好笑，只要這個關鍵字眼出現，笑話自然就會具有感染力，但是「花盆」這個笑點，在於我女兒誇張的表情，因此在講述這個笑話時，畫面、表情、語調必須模擬當時的情境，把她那誇張的動作表情重新演出，別人才會覺得好笑。

在所有笑話的類型中，我覺得字眼或是鋪哏的笑話比較容易轉述。

不過我們在做節目時，最討厭被別人破哏。當你鋪陳許久的哏（笑點）即將引爆之際，莫名其妙突然被人破哏，那眞的是很煞風景。

如果你要講的是文字型的笑話，就不要讓自己破哏，哏如果先破就不好笑了。

例如「暗號」的那個笑話，必須先拉到最後才能爆出。

如果你一開始就跟大家說：

「我叫他告訴我『案號』，結果他想成明暗的『暗』，以爲我要他告訴我『暗號』。」這樣就是自己先破自己的哏，聽眾的情緒沒有醞釀到最高點，聽起來就沒有太大的趣味了。

別當白目的二愣子

我們經常碰到一種情況，當我們正興致勃勃地說一個笑話時，也許在場有人已經聽過這個笑話，於是他可能會說：「喔！拜託，這個都已經聽爛了……」就這麼毀了你精心安排的笑話。

誰會喜歡這種白目的人？這時候你應該會希望他趕快滾開，而且滾得越遠越好。這種無禮的插話方式，會讓人覺得講笑話的人很無趣，講的都是老哏。**如果眞的碰到自己聽過的笑話，你還是可以附和地笑一笑，講笑話的人一定會很感激你。**

如果你知道這則笑話的進階版本，甚至還可以接著繼續往下說。**你可以讓對方先說完他的笑話，然後再搭他的話，補充你聽過的不同的部分。**

這時候其他人可能會接著說：「對對對，我還聽過另一種版本的笑話……」也許講的好幾個笑話當中，你眞的可以聽到一、兩個你沒聽過又好笑的笑話，這樣不是皆大歡喜嗎？

有時候，當大家正熱烈討論一部電影，準備找時間去欣賞時，就會出現一位二楞子不識相地說：「我跟你們講，最後的結局就是×××死掉了，然後……」請問，這樣你還會想去看這部電影嗎？

什麼時候應該收、什麼時候應該放、什麼時候應該丟、什麼時候應該讓，這也是一種說話的藝術。

拿捏得當，人緣就很棒；拿捏不當，也會很棒，只不過，是棒子的棒。

04 說故事高手

搭配畫面說故事

除了說笑話之外，故事也是很好的潤滑劑。

說故事一定要營造畫面，有畫面以後，再配上手勢和抑揚頓挫的音調，故事一定很好聽。例如講到「風聲鶴唳」和「草木皆兵」的典故，不得不提到歷史上著名的以寡擊眾的戰役——淝水之戰。

話說前秦苻堅率領號稱百萬大軍的軍隊，緊逼淝水佈陣，欲一舉殲滅東晉，統一南北，在交戰初期，小勝幾場，本來就志得意滿的苻堅更是瞧不起晉兵了。誰知後來看到晉兵行列有序，精壯威武的樣子，突然覺得四周一草一木都是晉兵，接著後來更被謝石、謝玄所領軍的東晉十萬軍打得落花流水，前秦士兵各個驚慌失措，自相踐踏而死的人不計其數，在後退逃命時，前秦士兵心生恐懼，把颳風的聲音和鶴的鳴叫聲，都當成東晉軍隊追趕的聲響，一草一木都看成敵人的軍隊，這就是「風聲鶴唳」和「草木皆兵」的典故。

在講述這個故事的時候，只要有畫面的營造，再加上音調的輔助，大家就會聽得津津有味了。如果只是敘述文字，例如：「『風聲鶴唳』和『草木皆兵』是怎麼來的呢？就是在當時東晉跟前秦苻堅的那場戰役，最後前秦輸了，大家拚命往後逃，在逃的過程中，風一吹，大家就以爲是東晉的追兵來了，沒多久前秦就滅亡了。」這樣有什麼好聽！

說故事應該多著墨在秦軍潰兵，倉皇而逃的過程，例如：「當時大軍一望無際，首尾不相銜接，就連爹都顧不了兒子，哥哥顧不了弟弟，儘管屍橫遍野，也只能踩在同袍的屍體上，踉蹌奔逃。」盡量營造、描述出潰軍內心的驚慌恐懼，這才是說故事。

在演講中穿插故事

我喜歡說故事，即使在演講時，我也喜歡講故事。這幾年，我經常應邀演講，即便談的是法律相關主題，我也會適時加入一些故事。

在一場兩個鐘頭的演講中，我通常會穿插一些故事或是笑話，我的大原則是，讓聽眾聽一百分鐘的笑話或故事，再加上二十分鐘從故事中所衍生出來的法律問題。

這樣的演講內容，絕對好過整整兩個鐘頭的演講，結果聽眾只聽到一開始的：「大家好，我叫謝震武。」和最後的：「謝謝各位！」四個字。中間的時間，大家在做什麼，我想大家都心知肚明。

我記得有一次我在演講時，由於來聽演講的對象多半都很年輕，於是我對他們說：「各位已經逐漸成長，開始想交男女朋友。今天我要教各位一件事，男女朋友之間的金錢問題，應該如何處理呢？」在那場演講中，我便談到有一次我在「非常男女」節目中，擔任特別嘉賓的故事——

「當時在「非常男女」節目中，我問大家一個問題：『如果妳和男朋友交往三、五年，已經論及婚嫁，這時候男生向妳借錢，到底該不該借呢？』」

「這種情況會借的舉手！」我請現場女生舉手表態。

「接下來，不會借的請舉手！」結果有一些女孩子舉起手來。我要現場男生睜大眼睛看清楚：「你們看看這些女生，不能說她們狼心狗肺，但是她們眞是鐵石心腸。跟她們交往了那麼多年，掏心掏肺的，禮物也不知道送了多少，竟然連這一點錢都不肯借！」當然，我接著說：「沒有、沒有，這是開玩笑的。」但是我提醒願意借錢給男朋友的這些女生，這麼做，會不會賠了夫人又折兵？萬一最後分手怎麼辦？

花前月下寫借據

這時候，現場有人突然高喊：「寫借據！」

「寫借據，太好了。各位，請閉上你們的眼睛，想像一下，在花前月下，月亮這麼淨白，浪漫的大安森林公園裡，你們兩人卿卿我我。男朋友知道妳應該有一些積蓄，於是他開口說道：『親愛的，我們兩個再這樣下去也不是辦法，我想給妳一個美好的未來，讓妳能夠過著如皇后般的生活，我們可以到杜拜去度假。但是，爲了完成這個夢想，我現在正在進行一個小小的投資，我知道妳大概有一些存款。妳放心，我需要的錢不多，我自己也準備了一些。那個投資總共需要一百萬元，不過，我自己準備了一些……我準備了……一萬元，希望妳可以借我九十九萬元就好了。』

「剛剛有人說要借據是吧！之前妳正卿卿我我地躺在他的懷裡，一聽到對方說要借錢，妳立刻起身回答他：（速度要飛快如連珠砲似的）『要借錢是嗎？沒問題，這種事情在我們家經常發生，你先把借據寫一寫，本票記得帶過來。對了！你們家有沒有房子可以作爲抵押品，順便找兩個連帶保證人，如果是公務員更好。只要所有條件齊備，利息一個月兩分。第二天，我會立刻將錢匯進你的戶頭。』然後再嗲聲嗲氣地向他撒嬌：『Honey……』」

然後，我再問他們：「請問，剛剛說要寫借據的是哪一位？辦得到的請舉手。」這時候大家都會哄堂大笑。

笑完後，我就會告訴他們：「剛才不是在跟你們開玩笑，我剛說的不只是男女朋友，還包括你以後行走江湖，要借錢給別人最完整的保障方式：借據、本票、支票、房保（註3）、連帶保證人。根據民法第一百二十三條，本票可以不必經過打官司，就訴請強制執行；而支票是一種信用工具，可以軋進銀行；如果有房保，就不必擔心債務人跑掉；連帶保證人如果是公務員最好，因為跑得了和尚跑不了廟。只要這五項條件齊備，什麼錢都可以借，我是很認真在跟你們說這件事。」不過，這件事說很容易，但很難眞的做到。

如果無法做到剛剛所說的那五項，該怎麼辦呢？

我會教他們用匯款或開支票的方式，不要用現金。因爲匯款或開支票會有流程，以及資金往來的紀錄，會留下證據。只要留下紀錄，萬一日後要打官司，這些證據對你將來的訴訟會有幫助。

我讓他們聽故事、聽笑話，但也會讓他們從中吸收到一些有用的法律常識。

啞口無言的尷尬時刻

我相信很多經常演講的人，都曾經遇過在演講時，突然腦筋一片空白的窘況。這時候自己必須有本事在腦袋一片空白時，巧妙接下去說一些你想得到的內容，讓這場演講「聽起來」非常順暢。

講故事時，有時中間漏掉一段，有些人會說：「啊！我剛剛忘了說……」其實，何必不打自招呢？你不說，別人也不會察覺，只要繼續順暢說下去即可，如果後來又想起來，再若無其事地接回來。

如果眞的想不起來，這時候最好的方法就是整個跳過，就算跳過一大段，說實話，眞的聽得出來你跳過一大段的人應該不多，反正大家也不知道你原本要說什麼。但是如果你站在那裡抓破頭皮一直想，那恐怕所有人都會看出你忘詞了。

就像我們在主持節目時，腦袋也不能一直停留在「我剛剛那樣講是不是不太妥當？」或是「我剛剛哪句話說錯了？」這時候，請不要再回想已經發生的事情，尤其是Live播出的節目，錯誤既然已經形成，再擔心會有什麼影響也沒有用，應該趕快準備等一下要講的內容。

註3：房保是指提供房屋及土地設定抵押給您的借貸者。

05 如何當個受歡迎的客人？

稱讚小孩準沒錯

要當一個受歡迎的客人，關鍵除了手上的禮物，嘴上的功夫也很要緊。我到別人家作客，通常最在乎老人和小孩。**朋友家中若有長輩，一定要請安；如果有小孩，一定要摸頭呵護，盡量哄一哄小孩**。當客人主動關心家裡的老人小孩，邀請你來的主人也會很高興。

去朋友家中探望剛滿月的孩子，如果那是朋友的第二個孩子，禮物一定要記得準備兩份，別忘了家中還有一個「老大」，這樣才會是個受歡迎的客人。

我和台大EMBA的同學，每年都要舉辦一次壘球賽。

一個週末午後，我和台大EMBA同學在壘球練習場練球。班上有一個同學帶兒子一起去打，他兒子大約是念大學的年紀。那一天，他老爸打得特別糟，我開玩笑虧他：「你認眞點好不好。」

爲了幫他保留一點面子，我對他兒子說：「你相信我，你老爸以前打得眞的不是這樣，他以前打得眞的很好。」等到他兒子一上場，他兒子打得還不錯，我立刻對同學說：「現在才知道，什麼叫作『青出於藍勝於藍』。這個年輕人打得比他老子好太多了。」接著，我立刻回過頭跟我同學說：「你不反對我說這句話吧！」我這位同學笑得開心得不得了，嘴裡直說：「當然，當然！OK，OK！」

勿把長輩當神像

到朋友家裡作客時，如果有長輩在，千萬不要只跟邀請你來的朋友聊天，也不要把長輩當作是神像供奉在那兒，記得要把長輩拉進來一起聊。即使不聊天，至少也要先打過招呼，別讓他覺得他是家中的「孤單老人」。

有一次，我應邀到朋友家作客，正巧他的父親也在家。問候過長輩之後，手藝不錯的他伯父主動開口：「要不要做一點小菜給你們吃？」

「會不會太麻煩？」基於禮貌，我詢問了一下。

想當然爾，他的答案肯定是：「不會。」

「按奈就麻煩阿伯啊，你青菜準備一下就好。」（台語）

當老人家主動提出這些建議，表示他們希望有一些回應，希望能夠參與你們。如果能夠適時邀請他加入，他會覺得大家很重視他，也會感覺很開心。

我不是請你當美食評鑑家

有一個故事是這樣的：有三個人到一位朋友家作客，主人老家種花生，因此他親自炒了又香又脆的花生，準備招待幾位朋友。爲了怕大家吃花生口渴，還特地泡了上好的茶給朋友喝。

第一位朋友是位女生，一看到花生，忙不迭伸出雙手猛揮：「我怕長痘痘，不敢吃花生。」看到主人在泡茶，好意趕緊說：「我不渴，你不用忙！」

第二個朋友是一位長者，一看到花生，眉頭立刻皺了起來：「我的牙齒不好，咬不動花生。而且我年紀大了，也不敢喝茶，怕晚上睡不著。」

第三個朋友一見他端出花生來，立刻讚嘆他的花生炒得很好，沒有一顆燒焦，每顆花生都是又香又脆。花生就是「花開見佛悟無生」，吃完就有力氣做事了。

前兩位朋友都是只注重自己的身、心，卻忽略了別人的心意。而主人雖然以好茶好食招待朋友，但因爲沒有事先了解朋友的身心狀態，缺乏智慧，因此即使是好意、用心做出來的食物，仍然不受用。

我認爲**作客最在乎的是禮貌**，尤其人家請你到家裡作客，並不是請你來當糾察隊；或是美食評鑑家，而是請你來享受大家聚在一起聊一聊，輕鬆一下的氣氛，至於食物好不好吃，其實眞的不太重要。

電影導演李崗做得一手好菜，而且他做的都是宴客的豪華菜色。我們因爲打球的關係經常碰面，有時候碰到他，我就會說：「崗哥，最近又睡不好了？」

「爲什麼？」他問。

「因爲作夢都夢到你的菜。什麼時候才能再到你家，已經好久沒有吃到你做的菜了。」通常這樣說完不久後，又可以吃到他的拿手好菜了。

崗哥做的菜是眞的好吃，但不管菜色好不好吃，通常我不會批評別人的菜色，畢竟，朋友請客重點不在食物，而在於氣氛。

只要人對、氣氛對，怎麼會有不好吃的東西。

第二章

說話的藝術

01 找話題破僵局

男人話題，女人不愛

聚會聊天時，最怕話題不對。

一個人緣好的人，一定會照顧到每個朋友，讓大家都有話可聊。如果聚會是以同事爲主，伴侶通常很容易被忽略，聊天的話題也很容易圍繞在同事工作的話題上，伴侶只好低頭猛喝咖啡。

除非那個話題是所有現場的人都聽得懂，否則盡量別將話題圍繞在只有少數人聽得懂、少數人有興趣，或是只有你們幾個人知道的話題上。就像女孩子最討厭男生聊當兵的經驗，男人一聊起當兵，好像當其他女人都不存在似的，那就變

成少數人的聚會，不是大家的聚會了。

一旦談話聚焦在少數人的話題上，我會設法在適當時機切入，將話題導到大家都能聊的話題。

舉例來說，當我和EMBA的同學聚會，其中有些人是醫師；有些人從事證券業、有些人是律師，當其中幾位醫師朋友將話題圍繞在某大醫院如何又如何時，我會加入討論，並且拿我自己當作例子：「對啊！上次我到那家醫院……」藉此將話題從醫療的專業，轉移到我個人的醫療經驗上，然後再將話題從我身上，慢慢轉到其他主題，這樣就能大家一起討論了。

萬一眞的很難將大家的話題兜在一塊兒，也許可以聊聊每天新聞一打開就聽得到的八卦，雖然我也不是很主張多聊這些話題，但至少這樣的話題，大家都能聊得來。

新認識的朋友如何找話題

在我的工作中，碰到新面孔的機會眞的很多，有時候是藝人、經紀人，或是他們帶來的新朋友。通常，大家一定都會打招呼，打完招呼不免會簡單寒暄幾句。這時的話題多半是找些無關緊要的事隨便聊聊，也許是在放飯的時候，對方看我沒吃便當，就會順口問：「小武哥，為什麼不吃飯？」

「喔！過幾天要拍廣告，所以得稍微節食一下。」我簡單回答。

當他下次再看到我時，第一句話寒暄的話可能就是：「小武哥，最近還在節食嗎？」

因爲彼此眞的不熟，只好以上次見面寒暄的內容，做爲開啓這一次話題的開端。

如果你在上次見面時，發現對方購買新手機，這次見面便可以問：「你的新手機玩得怎麼樣？」**盡量從周邊無關緊要的事情談起，或是連結上次的話題，稍微記住一些互動的小地方，就可以作爲下次見面談話的素材**。

或者也可以先傾聽別人的談話，再從中找一些自己比較熟悉的話題加入，甚或也可以提出問題。

「人之患，在好為人師。」從正面的角度解讀這句話，意思就是每個人都很願意講，很願意告訴別人一些他們懂的事情。既然如此，何不滿足他們呢？

當你滿足對方想要表現的心態，他也會對你產生一些好感。你吸收到東西，他也滿足爲人師的欲望，一舉兩得。

02 不要憑直覺說話

腦筋急轉彎

我從來不憑直覺說話，話到嘴邊都會先想過好幾次才出口。如果是你，聽了這話會不會不舒服，如果會不舒服，但我又想表達類似的意思，有沒有其他話語可以替代，但不會讓人覺得不舒服，經過這幾層思考後，最後再決定要說出什麼樣的話。

我最怕直覺式說話，我的職業訓練也不允許我採用直覺式說話。我的專業訓練告訴我，所有東西都可以當作證據使用，直覺式說話是收不回來的，萬一被拿去當證據，那可不得了，所以說話一定要經過好幾層思考。

但這樣並不代表說話反應要變慢，而是經過長期訓練，腦子要動得比別人快。不然，別人問你一句話，你經過三層思考，要比別人多花三倍的時間才回話，人家都回家了。

平常就應該訓練自己，很快找到這樣的思維過程，快速回應，但這回應不是憑直覺，而是站在別人的角度思考，此話一出，別人的感受如何。

多用正面語言

在平常生活中，我會盡量多用讚美或是正面的語言。

對同事說話，通常也都是用讚美，很少說負面的話；如果他的穿著或是新髮型真的不怎麼樣，我不會直接說：「咦！你今天怎麼穿得這麼難看？」或是：「你今天的髮型怎麼這麼怪？」我最多只會說：「嗯！還滿特別的髮型。」

參觀朋友新裝潢好的家，很多人第一句話都會問：「你花了多少錢？」就算你覺得有點太貴，最好也不要說：「怎麼那麼貴！上次我裝潢才花多少錢！」其實新裝潢的房子，一看情形就可以約略知道他錢花得多不多。

如果朋友花了很多錢裝潢，你可以稱讚：「你們家裝潢得很有質感。」如果裝潢得很普通，就說：「房子嘛，不就是要住的，舒服就好，像這樣就很舒服了，幹嘛花那麼多錢！」

我們經常聽到一些「熱心人士」，對身旁的人這麼說：

「你女兒到現在還在包尿布啊？」

「什麼，你的孩子還不會走路喔？要趕快去看醫生喔？」

其實你想表達的只是關心，但是這種說法，經常會讓父母親聽了以後，覺得焦慮或是生氣。

我曾經聽過，有一個孩子國小三年級時，他媽媽還在餵他吃飯。

有一次，這名媽媽和一群人一起吃飯，她照例又餵了她的孩子。另一位媽媽看不慣，於是向旁邊的朋友嚼舌根：「這樣未免也太誇張了，已經國小三年級了耶！」

這番話正好被那位媽媽聽到，心中甚是不悅，於是趁著對方去上洗手間的時候說：「干她什麼事？我又沒有叫她幫忙餵。」

的確，**當我們看到一些自己認爲不正確的事，不要一味認爲只有自己的見解**

才是正確的。

別人會這麼做，可能有他的原因或苦衷，如果你眞的想給他建議，可以私下告訴他，也許可以開始訓練孩子自己獨立吃飯，甚至把你當年教孩子自己吃飯的有效方法傳授給他，而不是對別人說他的是非。

我不想當證人

有些夫妻鬥嘴或是朋友意見不同時，總喜歡找第三者來仲裁。

「你說，我講的對不對？」

你叫他該怎麼說，到底要說你對，還是他對，都不恰當。易地而處，如果有兩人意見不同，挺了這個就得罪那個，因此最好盡量避免這種狀況。

萬一眞的發生這種情況，通常我都會說：「我出去倒水。」或是開玩笑：「時間快到了，你們兩個該結束了吧！」趕緊岔開話題。

我曾經搭一個朋友的便車，他和女朋友坐在前座，我坐在後座。一上路，他們兩人就吵了起來，其實吵架的原因，不過都是一些芝麻綠豆大的事情，可能一個要直走，一個堅持要左轉。

「你看，剛剛叫你左轉，你就不要。如果你剛才左轉，現在就不必等紅綠燈了吧！人家小武哥時間那麼趕！」

我只好扮演和事佬：「冷靜一點，我快到了，請你們再忍一下。等我下車後，剛剛發生的所有事情，我全部都會忘了，法院也不會傳我當證人，因爲我什麼都不知道，也不想當證人。」

通常這種時刻，很多坐在後座的人，都是如坐針氈，不敢出聲。但是發揮一點幽默，不僅可以化解尷尬的場面，也可以用玩笑的方式，消弭一場不必要的爭吵。

03 如何開口說不？

從Yes到No

說實話，我以前從來不懂如何拒絕別人，也就是俗稱的「好咖」。

我們公司同事經常笑稱，他想改行去當業務員，只要有我這麼一位客戶就夠了，因爲我不知道如何跟人開口說不，即使不需要的東西，我也會因爲人情而答應購買。

我的第一套高爾夫球具，就是這麼來的。

十幾年前，我還沒有開始打高爾夫球。當時我有一個朋友在銀行上班，他們集團內其他體系，正好有一家公司經營高爾夫球具，每位員工都被要求要達到一

定的「業績」。

有一天他打電話給我，說我以後應該也會打高爾夫球，要不要先買一套預備。明明沒有需要，但是我就這麼買下我的第一套高爾夫球具。

接下來他又告訴我，他們有辦卡的壓力。

「你要不要辦一張信用卡？」他問我。

當時我還沒有開始使用信用卡，於是回答他：「可是我沒有用啊？」

「沒關係，先申請一張信用卡，以後就會有用了！」

就這樣，我又辦了人生中的第一張信用卡，而且一口氣辦了三張。

後來我還請公司同事幫忙，幾乎辦公室每位同事都辦了一張同樣的信用卡。

不過，那是以前的我。

後來，我遇到一個朋友的朋友，只見過幾次面，就邀我參加一個投資計畫。投資一項計畫，除了要很瞭解計畫，同時也必須對這個人很熟識，但這兩項條件都不存在，於是我直接答覆他，我對這個投資領域不熟，沒有太大興趣，最後當然也沒有投資。

有時候，有些朋友轉換跑道做保險或直銷，基於交情要你幫忙買保險或產品，表示目前只缺這一份業績，就可以升上主任等等，不買好像對不起他，買了又對不起自己，到底該如何是好？

如果朋友跟你推銷產品，你眞的不想買，可以表明你的難處跟不想買的原因，但是拒絕的態度要很堅決，模稜兩可會讓他抱著希望，最後反而容易做不成朋友。

如果我還要這個朋友，而他推銷的是無傷大雅的東西，例如信用卡，不妨先辦卡讓他有業績，如果眞的不喜歡用，大不了日後再將卡剪掉，停卡就是了。如果是手機門號，就多申辦一個門號，同時擁有兩個門號，或是以後再退掉都可以。

像現在我走在路上，經常有觀眾朋友會要求一起合照，但是，現在網路這麼發達，萬一他把照片放到網路上公開，或者做爲商業用途就麻煩了。所以遇到這種情況，我會婉轉拒絕，表示自己當時沒有特別梳理，拍出來的樣子怕不好看，對他也不好。但我也會主動釋放善意，表示對方如果需要，我可以幫忙簽名，不至於讓他因爲要求拍照被拒絕而太沒面子。

人情留一線，日後好相見

除了自己主持的節目之外，我平常幾乎不上其他節目的通告，但偶爾還是會接到一些節目製作單位打電話來，邀請我上節目。

接到這一類的電話，我當然不可能說：「你沒看電視嗎？我通常不上通告的。」而是很禮貌地告訴對方：「不好意思，我目前沒有上通告的工作計畫，請幫我向主持人問好。因爲現在事務所的業務繁忙，如果將來有機會，我們一定主動跟你們連絡，希望到時候不要嫌棄。」不要讓人覺得你很高傲。

換個角度想，幫忙敲通告的人，還需要向他的長官報告，何必讓他爲難呢？

另外，有些節目一看就知道是經由造作，不是眞實發生的情況，像那種節目我就不會接，因爲與我的律師形象不太吻合。這時候我會委婉說明，由我來接這個節目，對節目不會加分，因爲我不知道該如何幫襯，既然如此，就沒有合作的理由。

有時候，有一些採訪或是其他邀約，正好碰上我有其他的事情，這時我也會告訴對方：「從我目前的行程表來看，那個時間恐怕沒有辦法，不過我還是會再確認一下。」

我不會直接回絕對方：「不行，我那天沒空。」這樣直接的回絕方式，容易讓人心生不悅。

04 金錢與人情的兩難

借出去的錢就像潑出去的水

在人生路上，難免會碰到朋友向你開口借錢。朋友有通財之義，如果我覺得我們的交情夠，我會願意借多一點錢給他，如果他沒還我，我相信一定是他有困難。

幾年前，曾經有一個好友時運不濟，臨時急需用錢向我周轉，我二話不說，就把錢借給他。

後來他到別的地方發展，過了好幾年，有一天他突然告訴我，上次跟我借的錢，可以先還我四分之一，其他的之後再慢慢還，後來他真的將欠我的錢全部都還清了。

他經常跟其他朋友說，他永遠不會忘記，那一年他們家中的年夜飯，沒有豐盛的珍饈佳餚，只有一鍋火鍋，而那鍋火鍋，還是因爲他在除夕前，向我周轉還了一些債務後才有的，所以這筆錢無論如何一定要還。

我借錢給人，絕不會開口問他爲什麼需要借錢，因爲當他告訴我，他需要借錢的悲慘原因後，也許自己反而要擔心借給他的錢，會不會太少了，如果不多借點錢給他，好像顯得自己不仁不義。既然如此，何必自討苦吃，讓自己陷入這種兩難之中呢？

要把錢借出去，就要有心理準備，眞的有餘力再借，既然借了，就別想拿回來。

我們公司有一位同事，每當面臨朋友借貸一、二十萬元的小額借款，他總是這麼回應：「我知道你一定是很苦，所以才會來找我借錢，但是如果我借你二十萬，那麼從我借你錢的那一刻起，就會變成我很苦了。很抱歉，我眞的沒有那麼多錢可以借你。」

這時候對方就會問：「那你有多少錢可以借我？」

他的答案是：「五千元。」他經常戲稱，那五千元就算逛街，也會「被外星人偷走」。意思就是，逛街總是會不小心買了一些不需要的東西，因此五千元是他可以接受的額度，就算對方不還也無所謂，當成被外星人偷走就是了。

朋友跟你開口借錢，該如何拒絕，才不會傷及彼此情分？

相信很多人都會感到困擾。如果是女生，就說家裡的錢歸老公管；男人就說是由老婆管，這就是最好的理由。

以我的經驗，當朋友向我借錢，我會立刻判斷，到底是要錢，還是要朋友？因為有些借出去的錢，是一去不回頭的。如果你願意借，那就表示你可以不要這筆錢，借他沒有關係。如果你覺得對方根本不該跟你開這個口，而他卻開口了，那就表示他沒有拿你當朋友，那麼，你也沒有必要再把他當朋友看待了。

如果他已經惡名在外，我會明白告訴他，我現在手頭也不是很方便，況且他這樣的狀況，恐怕不是三、五萬元就能解決，提醒他該仔細想想，到底怎樣才能徹底解決這個問題。

通常這樣的情況，就算你沒有借他錢，他也不會因此跟你交情破裂。

我也不認為，用三、五萬元維繫你們的交情，事情就會有什麼好的變化，換個角度想，少了一個這樣的朋友，有差嗎？

另一方面，要向朋友借錢的人，自己也要注意自己開口的內容，不要讓對方覺得爲難，相關該做的事情，例如借據、擔保品等等，要事先準備好，而且應該抱持一種心態，別人拒絕是應該的，如果答應，是你賺到了。因爲即使是你自己的父母親，在你超過二十歲以後，也沒有借錢給你的義務。

借據與匯款單，你選哪一樣？

一旦你決定借錢給對方，有些作法可以讓你在法律上，立於比較有利的位置。

如果你要借錢給別人，匯款單跟借據，你會選擇哪一項？

一般人通常會選擇借據，總認爲它比較具有法律效力。事實上，如果只有借據，對方可以否認他有收到錢，那麼你就必須證明你和他的資金往來，借據不代表借錢的事實已經成立，但匯款單有銀行往來的紀錄，才能作爲你借錢給對方的證明。

打個比方，有一天朋友急著找你借錢，當時你正在餐廳吃飯，於是請他用餐廳所附的餐巾紙寫下借據，然後就將錢借給他了。三年後，你翻到那張借據，打官司告他不還錢。很遺憾，你恐怕贏不了。

在法律關係上，借貸的重點不在於有沒有借據，那只是證明的確有借錢的意圖，至於究竟有沒有借錢的事實，法律上「要物契約（註4）」的重點，在於有沒有金錢來往，而不在於借據寫了沒。

如果當時有了匯款單，至少可以證明，你們之間的確有金錢往來的事實，可以向法官說明是因爲借錢給他，所以才匯款。

萬一他否認那筆匯款不是你借錢給他，而是你之前跟他借錢，爲了還他錢才匯款，那麼他就得提出之前你向他借款的證據，舉證責任就變成在對方。所以，千萬不要小看一張小小的匯款單，在重要時刻，那可是你能不能取回借款的重要關鍵。

註4：「要物契約」又稱爲「踐成契約」，即除雙方當事人意思表示一致外，仍須交付標的物始能成立的契約。

呆人才會作保

在法律系上課的第一年，老師就不斷教我們「呆人作保」。「保」字拆開來，就是「呆」跟「人」，所以呆人才會幫人作保。儘管老師諄諄教誨，但是台灣哪一個律師沒有幫人作保？我相信一定很少。

如果自己太太的姊妹在轉換新工作的時候，需要你幫忙做人事擔保，你保不保？如果不作保，晚上可能就要睡客廳了。

這是人情世故的問題，我的評估是，因為他們是我的親人，就算他們真的出問題了，我也願意扛下來。

一般人對人事擔保所產生的責任比較不清楚，萬一對方發生捲款而逃的情形就麻煩了。**如果你是擔保人，心裡要有打算，是不是發生任何事情，你都願意扛下來？**

如果你擔保的對象是一位汽車駕駛，萬一他不幸發生車禍，必須賠償對方。如果對方向他公司求償，公司也可能回過頭來找你這個保人，這時候你願意扛嗎？

在人情世故和理性分析之間的拿捏，的確不容易。

如果是家人以外的人找我幫忙作保，通常我都會對他們說：「你忘了我是學什麼的嗎？我都教人不要爲人作保，如果我幫你作保，我以後怎麼教人家？」

其實爲人作保與借錢的態度相同，心裡要事先衡量，最糟的情形是怎麼樣，如果那樣你還願意爲人作保，那就去做吧！

05 好久不見，你好嗎？

不禮貌的禮貌性問候

一般不常聯繫的朋友、很久不見的老家鄰居、交情不深的朋友，或長輩的朋友見到你，一時找不到話題，通常會「好意」問候你：「結婚沒？」、「生子沒？」對他們而言，這些問候語就像「呷飽沒？」、「還沒睏？」一樣，純粹寒暄而已，沒別的意思。

但這種禮貌性的問候，其實是一種不太禮貌的問法，因爲現代人經常面臨晚婚、不孕，甚至離婚等議題，這種問法，很容易觸及別人的痛處。

對一個年逾三十的人來說（特別是女性），「結婚沒？」恐怕是他／她最討

厭被提起的話題。同樣的，對於一個結婚多年，又沒有孩子的夫妻而言，他們最不想聽到的話可能是：「怎麼還不生小孩？」他們或許比你還想生小孩，但就是生不出來。

依照人生的軌道，這個時候應該走到哪裡，就毫不經意地問人家這些問題，是不夠細心的表現。

每個人的人生劇本都不一樣，不要隨意問人一些你認爲理所當然的事情。「當兵沒？」也許他正好有一些疾病不能當兵；「最近在哪兒高就啊？」也許他剛剛被裁員。

有時候我參加一些活動，在辦活動的飯店碰到一些許久未見的熟人，我大多會問對方爲了什麼事情來這裡？

如果他的答覆是：「最近剛離開前一個工作，和朋友約在這裡聊聊天。」可想而知他剛離職，你可以對他說：「其實有時候休息一下，自己充充電也好。」

如果他的回答是：「約了客戶到這兒談事情。」顯然他正在上班，也可以放心地接著問：「好久沒有看到你，最近在哪高就？」

從對方的回答中，大約就可以猜測到他的近況是好是壞，不必問太直接的問題。別人的談話中，往往會透露很多訊息，告訴你接下來該接什麼話才恰當。

無關緊要的問候最安全

熟人偶遇，總不能什麼話都不說。

如果你出門碰到鄰居，問候一下：「咦！準備去哪兒啊？」或是：「從哪兒回來啊？」這種無關緊要的問候，其實也是最安全的對話，如果實在沒有話題就不要勉強繼續聊下去，以免彼此都尷尬。

我常在攝影棚的路上碰到一些人對我說：「律師，好久不見！」

「是啊！好久不見！」

但接下來就很尷尬。

你能說我就陪你聊，如果不能聊，我會盡快結束這個話題：「我還有事情，那我先走了。」這樣也能巧妙化解尷尬。

最近我有些朋友的孩子，正好屆臨考大學的年紀。通常這種時候，多半人都會問：「大學考得怎麼樣？」當你開口問這個話時，心裡最好事先準備三套對應招式。

如果他考上不錯的大學，可以稱讚他：「不錯的學校喔！不簡單，眞是虎父無犬子，爸爸有成就，兒子也很棒！」

如果他考取的是那種一般認知較普通的大學，你可以建議他：「上了大學，好好學點東西啊！」不必談論學校的好壞。

萬一對方名落孫山，一所大學都沒考上，就安慰他說：「其實這一年沒有什麼關係，重點是要好好考一個自己喜歡的科系，未來才重要。不然你問你老爸，他大學那一、兩年在幹什麼，他一定也不清楚。」

總之，簡單的問候其實一點也不簡單。

先備妥招式，然後再見招拆招，小心應對，才不會讓好意的問候，變成傷害對方的暗箭。

第三章

談判權利學

01 討價還價不吃虧

設定談判的底線

在我們的生活中，有時不免與人發生利益或權利衝突，必須透過協商溝通，以滿足雙方的需求，實現彼此的利益。

不管是買賣的報價議價、被公司裁員的資遣費爭取，離婚的剩餘財產分配、監護權爭取、甚至車禍的賠償、水災的國賠，在在都需要運用到說話談判的技巧。

無論哪一種談判，都應該事先設定好自己的底線。

以買賣的報價議價爲例，在向客戶報價之前，必須先設定自己價格的底線，

如果超出底線，這筆交易還值得做嗎？

還是純粹爲了做人情給對方，以創造下一筆生意的契機呢？在爭取客戶的過程中，報價是一個重要環節，報高怕客戶跑了；報低又擔心做賠本生意。

現在網路那麼發達，客戶詢價非常容易，如果報價超出市場行情太多，很容易被發現；如果用太低的價格承包，想在中間取巧，最後恐怕會偷雞不著蝕把米。

做生意一定要有合理的利潤，太過薄利多銷，變成流血傾銷，最後價格削到見骨，恐怕也無法再繼續經營下去。

面對市場上激烈的價格競爭，除非你具有價格的優勢，否則，價格不應該是你最在意的部分。尤其小公司無法像大公司一樣壓低成本，在價格上沒有競爭力，應該積極走出自己的特色。進入市場初期，要先讓客戶看到你的價值，爭取合作機會，做出品質與口碑比較重要。

對賣家而言，降低價格或是增加服務，都是賣方的籌碼，端看你要選擇什麼。

買賣交涉時，如果客戶猶豫不決，我建議先考慮提供附加價值，用附送條件、提供服務爭取機會換取合約。但通常這些條件都不會是最後的條件，心裡一定要先盤算，知道自己還可以增加什麼服務。真的不得已才降價，否則容易進入價格競爭，後患無窮。

在我大學時代，學校曾經舉辦園遊會，每個科系都會負責一個攤位賣東西。台灣人常說：「第一賣冰；第二做醫生。」於是聰明如我們，就決定賣些湯湯水水的東西，例如：果凍。

我們心想，果凍很簡單嘛，不就是洋菜加一些果凍粉，怎麼難得倒我們這些聰明的讀書人呢！

園遊會前一天晚上，我們將隔天準備販賣的果凍調製完成，只待冷卻就可以大功告成，然後我們大夥兒便各自回去安心睡覺。

第二天早上醒來一看，天哪！果凍沒有成型，變成流質的果膠。真是隔行如隔山，原來我們比例調得不對，水放得太多，軟趴趴的看起來挺噁心的。

眼看園遊會活動即將展開，沒有時間再重做了，我們只好將它倒進一小杯一小杯的塑膠杯裡，硬著頭皮上陣。

一個小時過去了，我們的攤位完全乏人問津。又一個小時過去了，幾位其他科系跟我們比較熟的同學經過便說：「哎呦！這樣你們也敢拿出來賣。」

我心想，就這麼坐困愁城也不是辦法，於是請同學到學校對面的文具店，花二、三十元買一綑緞帶，將緞帶剪成一小段一小段，在每一個杯子上都綁上一個漂亮的蝴蝶結。

不騙你，原來看起來一文不值的失敗商品，搖身一變，成爲可愛的裝飾品。

不久後，陸續有生意上門了。他們看上的不是果凍，而是它的包裝。甚至有同學問：「可不可以只要杯子和蝴蝶緞帶？」

當然沒有問題，雖然有點侮辱我們花了好大心血所做的產品，但我們在意的只是能不能銷售出去。半小時後，所有果凍全部賣光了。我沒有降價，我們所做的，就是提升商品的附加價值。

買家的議價技巧

所有的協商一定是站在沒有時間壓力的那一邊。因此即使內心著急，也要表現出氣定神閒的樣子，不要顯露一副非買不可的樣子。

賣方的籌碼通常不會一次全部放完，而是一次一次慢慢放，不斷測試買方的底線。

同樣的，買方也不要寄望經過一次的交涉，就一定會有結果。如果顯得太急躁，結果通常會對急躁的一方不利。

你知道當初「淝水之戰」捷報傳來時，謝安只說了一句「知道了」，然後繼續淡定地和朋友下棋，等到朋友走了，他進入內室時，才開心的把鞋跟都弄斷了。

我也曾經在完成了很重要，而且比客戶要求條件更好的協商談判後，優雅地送走對方，接著一轉身握拳大叫：「YA！」哈！那感覺太爽了，不吐不快！

我有一個朋友他想買車，看好喜歡的車種以後，他到汽車展售中心詢問，價錢最低可以降到多少？可以送哪些贈品？但是他並不急，一副可有可無的樣子，就離開銷售中心。

後來那名業務很積極與他聯絡，表示他之前的要求，公司都可以配合。但是客戶依舊沒有表現出積極想買的樣子，只表示還要再考慮看看。

這時候其實是買家賣家的心理戰時刻。

後來那名急著要業績的業務主動聯絡，表示可以將贈送的隔熱紙再升級，並釋放出更多優惠條件。但是買家依然沒有做出決定。

沒想到業務急了，只好問他：「請問，你的問題到底在哪裡？」

「價格啊！我希望價格可以再低一些。」

業務表示必須詢問公司，是否還有降價的空間。過了不久，業務又主動來電表示，已經爭取到降價空間，價格還可以再降一些。

就這樣，好事多磨，最後終於成交了。買方不僅談到一個很優惠的價格，也得到很多不是每位買家都有的附加贈品，因為賣方急著想賣，買方卻一點兒都不著急。所以我說，協商一定是站在沒有時間壓力的那一邊。

不要以為價格談定，買賣過程就結束了。

對買家來說，價錢談定以後，更是要求增加附加贈品的時機，因爲那些東西通常都是公司原本就有，或是自家生產的，賣方不會因小失大，爲了省下贈品，而失去成交的機會。

02 人生的意外

當愛已成往事

男女熱戀時，愛像春風一樣醉人；一旦分手，小心愛會像利刃一樣傷人，尤其當分手不是在你情我願的情況下，更要小心應對。

任何談判都要先有破局的心理準備，最壞的狀況是什麼，如果你都能承受，最後情況通常都只會更好，不會更糟，分手談判也是如此。

提出分手總是令人遺憾，無論如何，兩人至少曾經相愛過，因此在分手時的用字遣詞，應多加留心對方的感受。

即使你已經打定主意要分手，但是如果當時的情況不太對勁，對方情緒已經

無法控制，最好先虛與委蛇，讓自己安全離開現場最重要。千萬不要跟他／她大吵大鬧，這樣只會激怒對方，如果他／她一時怒火攻心，後果恐怕不堪設想。

用時間換取空間

以前我在節目中也曾經討論過這個問題，所有來賓的建議都是盡量選在公開場合談，千萬不要一個人單槍匹馬在晚上赴約。但是如果你們分手的原因是因為對方有暴力行爲，即使在公開場合也一樣有危險。因爲人在失控抓狂時，不管在什麼樣的場合，他／她都不會在乎。

如果對方以前就曾經出現過肢體或言語方面的暴力，最好不要直接跟對方談判，採取逐漸疏離的方式可能比較安全。

爲了自身安全，談判時也可以帶朋友一起前往。

也許有些當事人會覺得，情侶談判還帶第三者，表示你對我不信任。但是在這個關鍵時刻，自保絕對比顧及對方面子更重要。最好是帶兩人共同的朋友，或是對當時的場面有辦法控制的人一同前去。如果帶另一名弱女子赴約談判，面對有暴力傾向的男生，不會產生任何約制力。

即使談判過後，也得特別注意自己的人身安全。我曾經接過一個個案，就是在分手談判後傷害對方。

因此如果家人住在附近，我建議分手後先搬回家住一段時間。如果家人沒有住在附近，就先跟好朋友一起住，讓時間、空間拉開彼此的距離。分手也許不是最美的結果，但千萬不要演變成最糟的結局。

小蝦米對大鯨魚

人生的意外無所不在。

當初愛得死去活來的伴侶，日後可能成爲對簿公堂的死對頭；工作了大半生的公司，也可能把你fire；就連走在路上，都可能被不起眼的坑洞絆倒。

台灣的馬路經常修修補補，柏油路上坑坑洞洞，大家也早已習以爲常。路上有坑洞，看來是公共設施不當，如果因此摔車受傷，千萬別自認倒楣，或是以爲國家只會賠償你五萬元。

就連在公共場合被罵「王八蛋」，大家都以為拿對方沒輒，實際上，除了刑事責任之外，還可以請求民事損害賠償，要求精神撫慰金。對方可能因為這三個字就必須賠償你五萬元，甚至還有將人捏到皮膚「烏青」或打一巴掌就判賠對方二十萬元的例子。更何況因為國家公共設施不當，而造成身體受傷。

根據國家賠償法，因公共設施造成人身財產的傷害或損失，或是公務人員於執行職務行使公權力不當，導致人民自由或權利遭受損害，國家應負損害賠償責任。

近年來，民眾逐漸懂得為自己爭取權益，因此常見因水災、地震或路面不平摔車，導致人民生命、身體或財產受損害，而向國家求償的例子。

面對這種時候，小蝦米對上大鯨魚，很多民眾在心態上就矮了一截，還沒開始爭取權益，就先自我限縮。總覺得對方是國家耶！官尊民卑，我怎麼可能打得過他們？最後我一定會吃虧，只要國家願意賠償一點，就算很好了。

其實，**爭取國家賠償時，應該很持平地把國家看成另一個張三或李四。如果是因為道路坑洞過大，造成你車禍受傷，就應該把國家當成是一個普通人違規，造成你受傷，用這樣的心態來看待才對。**

不過，申請國家賠償時，對事實過程的描述，也會影響你的請求權利，攸關賠償金額的多少。像這種專業的談判，最好可以尋求律師的專業協助。

車禍和解較好嗎？

除了國家機器這種超大巨人之外，如果發生車禍的對象是一般普羅大眾，通常很多都會私下和解，而和談的原則就是「大車賠小車；小車賠行人。」當然也不是沒有例外。

如果摩托車與腳踏車發生擦撞，雖然是騎腳踏車的人受傷，但他卻必須賠償摩托車騎士，因爲是腳踏車騎士違反交通規則，這是站在理的這一邊。但通常，汽車與摩托車擦撞，摩托車騎士比較容易受傷；摩托車撞到人，人比較容易受傷，看在對方已經受傷的份上，通常不會再向對方求償，所以才說大車比較吃虧。

車禍犯錯通常是比例問題，能將車禍肇事責任完全歸於一方的機率，大約不超過三成。就算你確認錯誤都在對方，但自己判定還是可能會有盲點，一旦雙方無法達成協議，進入刑事訴訟就一定會有風險。

因此，**如果對方有受傷，我建議還是先和解，因爲車禍受傷是一般傷害不是重傷害，所以能夠私下和解。**

萬一對方對你提出刑事訴訟，如果條件談不攏就不能和解，那麼，法院一定要對你判刑。就算可以緩刑，對一般人來說，就是一個刑事紀錄、刑事責任，都是莫大的壓力。無論如何，還是先求和解，把這個刑事危機解決，否則後患無窮。

受傷立即就醫檢查

萬一是你在車禍中受傷，對方沒有受傷，你應該認眞檢視自己人身與汽車的受傷範圍，請對方作完整賠償。

如果當下只是覺得有點不舒服，但沒有明顯受傷，於是對方留下名片給你，並表示如果檢查有問題可再與他聯絡，這樣可以接受嗎？

答案是：NO！

一旦離開車禍現場，誰是誰非就沒有證據了。如果兩天後你檢查出問題眞的很嚴重，想找對方負責。對方如果說：「可是那天是你撞我，我本來還想找你賠咧！因爲不想造成現場交通秩序混亂才給你名片。」那怎麼辦？

當時對你有利的條件已經消失，除非調閱道路監視系統還原眞相。但萬一沒有道路監視系統，或是錄影角度無法百分之百還原現場，釐清當時彼此的過失程度，對你不一定有利。**我建議還是當下立刻解決，要求對方陪同你一起去醫院檢查。**

以受害者的角度，我建議有疑慮立刻去醫院做檢查，不要拖延。

雖然只是過兩天，萬一對方表示：「我怎麼知道你這兩天，有沒有發生什麼事？」那可眞是有理說不清了。

如果對方表示眞的沒有時間陪同去醫院，或是不願意和解也沒關係，現場一定要留下刑事紀錄，可以先用手機從每個角度拍攝，進行採證後再移動車子，然後再自己去醫院做檢查。

還有些人在車禍當下雖然沒有受傷，但是深怕半年後的某一天才出現腦震盪等影響，因此遲遲不願意和解。這種案件進入訴訟程序，檢察官通常會表示，如果眞的有狀況，最遲在一禮拜內也會出現，到半年後才發現的例子眞的不多。

假設眞的在半年後出現狀況，要把因果關係歸到半年前的那場車禍事件，確實比較牽強。但實務上卻經常發生這種狀況，很多無法談成和解的原因也是在此。

與其擔心未來怎麼樣，還不如現實一點，直接轉換成現在所受的傷害，除了醫藥費、工作損失，還可以要求精神慰撫金，求償金額的高低，視你身心受傷的程度而定。

我不是被嚇大的

無論如何，碰到車禍糾紛總是很惱人。就算沒有車毀人傷，但有些人會陰魂不散地騷擾，讓人困擾不已。

有一個節目的化妝師，騎摩托車準備右轉，正在打方向燈變換車道時，右後方一位騎士突然自己摔車跌倒，他好心停下來探視，看他有沒有受傷。當時對方表示很痛，但問他需不需要陪同去醫院，他卻又說不用，只要留下聯絡電話給他就行了。幾天後，對方打電話表示自己受傷，要求化妝師賠償，金額不是數千元而是好幾萬元，並且不斷打電話騷擾。

化妝師不堪其擾，問我該怎麼辦？

我告訴他，他可以跟他說，你是基於道義責任才停下來看他，他對他沒有任何責任，是他自己騎車不小心跌倒。

如果他再打電話給你，就告他騷擾！

從此以後，那個人就再也沒有打電話給他了。

03 為自己的權益奮戰

我要我的遣散費

當你碰到公司業務緊縮、部門裁撤，進行符合法令的資遣時，除非公司願意給予合於法律規定，甚至更優厚的資遣費，否則你大可不必接受公司所提出的離職條件。

然而有些公司資遣員工，並不是基於上述原因，而是因爲中高階主管的薪資太高，資遣一人可以請好幾個人，或是因爲資深員工屆臨退休，爲了避免支付退休金所致。

碰到公司違法資遣，你可以不簽署離職同意書。但是個人對公司抗爭，通常

比較不容易爭取到對自己有利的條件，這時候可以要求勞工局介入調解，爭取對自己比較有利的離職條件。

有一年年終時，一家企業找來準備資遣的員工，態度良好地跟他溝通，表示因爲公司政策，必須將他所工作的部門裁撤。因爲是屬於合法資遣，公司也提撥了一筆資遣費給他，當然他也接受了。

離開公司以後他才得知，公司所提撥的那筆遣散費，低於法令規定他所應得的金額。原本以爲自己已經簽了離職同意書，錢也已經領了，應該莫可奈何。但後來他上網蒐集一些資訊以後，發現事有可爲，他還是可以向勞工局投訴。於是勞工局請資方代表和他協談，最後公司還是補足了他所應得的全額遣散費。

除此之外，被資遣員工也可以持續觀察公司動態。

如果公司當初是以景氣低迷，不得不裁員爲由將你資遣，但公司在近期之內，卻又繼續招募人才，你仍然可以再回頭訴請，指出當初公司的資遣是屬於違法資遣。

悲情訴求尋認同

究竟該不該全力爭取全額的遣散費，或是和公司力抗，你必須自己衡量。因爲一旦訴訟，有時曠日費時，這段期間自己也很煎熬。而且無論最後結果如何，一旦步入公堂，公司日後當然不可能再僱用你。如果你工作的產業圈子很小，消息很容易傳到其他公司耳裡，對於你要再尋找新的工作，也不見得有利。

一名員工在公司服務多年，但公司決定遣散他。

依照年資，他可以請領七個月的遣散費，但公司只承諾給他兩個月。基於自己長年在公司服務，再加上和公司主管交情也很好，他不願撕破臉向勞工局投訴，於是改採悲情訴求，向公司表示，自己還有一家老小要養，也需要時間找工作，希望公司可以再酌情多給一些遣散費。最後公司雖然沒有給足七個月的遣散費，但是在二至七個月之間，取得一個雙方都可以接受的數字。

以事理圓融取代惡言相向，也不啻爲一個好方法。

第四章

上班族的生存之道

01 老闆就可以任意罵人嗎？

我告你公然侮辱

前一陣子，有一家公司老闆在開會時公然辱罵員工：「你是豬腦袋啊？連這些東西都弄不好。」沒想到員工竟然將這一段話錄音，成爲呈堂證供，最後老闆不僅被告，還得被罰錢。

最近不少新聞節目都拿這些案件當作新聞，但對我們而言，這些根本不是新聞。我如果將最近成立的毀謗或是公然侮辱的案件蒐集起來，大家可能會嚇一跳，原來這麼多啊！

長期以來，很多主管都被教壞了，以爲主管就有權力罵人，而且愛罵什麼就

罵什麼。

其實，主管絕對應該教人，但不一定可以罵人，責罵下屬一則難堪，二則效果有限，有時還得擔負其他風險，運氣不好還會被告。

以教導取代大聲責罵，就消極面來講，這是主管自保的方法；就積極面來講，自古說，帶人帶心，強將手下無弱兵。但這絕不是你天天粗言大罵部屬，就可以造就出來的強兵。

難道，身爲主管就只能忍氣吞聲，對無能的員工完全莫法度嗎？

當然不是！

主管當然可以責罵屬下，但需要有技巧。基本上，能不罵人就盡量不要罵，非不得已一定要罵時，也要用反話罵人，也就是所謂的「反諷法」。

聰明的反話罵人法

「死三八」、「狐狸精」這些經常被拿來作爲罵人的詞句，大家都覺得只不過是隨口說說，也不會掉一塊肉，其實已經構成刑法上的毀謗或是公然侮辱。

大家對自己日常生活用語的觀念，實在有必要做很大的調整。信口拈來隨口一句，都可能被告，話在說出口之前，的確應該好好拿捏。

很多人喜歡罵人「豬頭三」或是「白癡」，心想：拜託！這又沒有什麼大不了的。自己身邊或是電視上，幾乎一天到晚都有人罵這些話，眞的要告，恐怕告不完。

如果你心裡存有這種天眞的想法，那你可得小心了。

你罵人可能會被告，但同樣是罵人，我不會被告，爲什麼？

如果你罵人豬頭三、白癡，一旦被告，罪名一定成立，因爲你罵人只是爲了出一口氣，讓自己爽一點而已。如果重點只是要講到「豬頭三」、講到「白癡」，爲什麼不用反話罵呢？

「對啦！我也『不能』說你是豬頭三，我也『不能』說你是白癡，但是你這件事情做得實在是……」

這就是反話罵人法。

用反話罵人基本上比較不容易被告，「不能說你是豬頭」這種說法，罵也罵了，但對方沒辦法告你，因爲我又沒有說你是「豬頭三」或是「白癡」，對方就算想告也告不成。

有一次我到法院開庭，那是一個刑事法庭的案件。我的當事人是個官員，除了他以外，那件事情還涉及要搶標一個公共工程的對立與兩造利益的問題，檢察官起訴我的當事人很重的罪，因爲他認爲我的當事人圖利其中一方。

說實在的，那件事情有點弔詭，根據證據顯示，應該沒有這回事，因此我在庭上說：**「我先強調下面那句話不是事實，它只是爲了突顯其矛盾性**。檢方說我們當事人做了這個決定，有圖利左邊這一邊。那麼，依照同樣的邏輯，如果檢察官你起訴了我們這一邊，我是不是也同樣可以說，你圖利了另外一邊。這不是一樣的道理嗎？你不能因爲一個決定，就直覺認爲有圖利的問題，必須再檢視其他證據。我再強調一次，我剛才所說的不是事實，我只是想突顯這個矛盾性而已。」

當時我們這邊的被告有很多人，其中有一位不是我的當事人。當我講完以後，那名被告一副得到有力支持的樣子，大剌剌地站起來說：「對啊！我就覺得你們檢察官也很有問題，你們根本就是拿人家的好處……」話才一出口，檢方當場立刻說：「記明筆錄，我要告你。」

這時候法官開口了：「你跟人家謝律師比什麼，人家一開始就已經告訴你不是事實，只是爲了在邏輯上突顯矛盾。你跟人家學什麼，東施效顰的結果，你就是要挨告。」

那位被告所講的和我講的內容，某種程度是要突顯同樣的問題，只是他不會拿捏尺度，最後結果大不相同。

關起門來不公開

也許有些人會認爲，我是律師，受過專業訓練，說話都會經過三思。但是一般主管通常都覺得，罵員工是天經地義的事，如果不得不罵，究竟還有什麼方法可以避免罵人罵到被告呢？

當你想罵人時，先回房間去，這在任何吵架都適用。

罵人要搞清楚罵人的場合，否則容易構成公然侮辱罪。不過，既然叫作「公然侮辱」，意思就是公開罵人。三人以上爲「眾」，如果你把門關起來，裡頭只有你們兩個人，那麼，不管你怎麼罵他，都不會有「公然侮辱」的問題。

另外，罵人盡量不要涉及人身攻擊的形容詞。

很多人把人身攻擊的話語當成家常便飯，「豬頭」、「豬腦袋」這樣的字眼聽來稀鬆平常，如果不懂得罵人的「眉角」，就連罵人「死胖子」，都可能構成毀謗或是公然侮辱罪，因爲「死胖子」是個侮辱詞。

其實，即使不用情緒性的字眼，依然可以把人罵得狗血淋頭。我在指正公司員工的錯誤時，絕對不會用情緒性字眼，因爲情緒性字眼通常會涉及公然侮辱和毀謗。

例如我看到有些律師如果訴狀寫得眞的很糟，在事務所內部會議上，爲了教育同仁不要犯同樣的錯，我會說：「寫出這樣的東西，我眞懷疑這個人當初是怎麼考上律師執照的。」對一個律師而言，這樣已經算是很嚴重的指責，夠難堪的了。

其次，**我盡可能用自己的角度去陳述問題**。

「如果是我，我會怎麼做……」

譬如我們跟客戶之間，有時會有一些信件或是電話來往。在訴訟期間，律師講幾句話，對客戶會產生心靈安慰的效果，但有些律師因爲個性的關係，不習慣這樣做。

這時候我會告訴他：「其實對我們來說，那只是一個案子。但對當事人來說，這可能是他這一輩子最重大的一件事。當他們碰到官司訴訟時，經常是六神無主，他們一定很想多聽聽你的意見。你講的內容也許有實際效果，也許只是心靈安慰劑，但無論如何，這時候你必須同時扮演這樣的角色，多跟客戶聯絡，像我就會經常跟當事人聯絡，這對當事人是好的。」

如果我們律師事務所的律師，他的訴狀寫得不理想，我通常會這樣告訴他：**「我以前也是這樣寫，但經過這些年的經驗，我發覺，轉成我現在的這種寫法，可能會比較好。」**

這種說法會讓員工覺得，老闆以前剛畢業的時候也是這樣，表示不是只有他寫得不好而已。

一方面爲員工做正確的示範；一方面不要爲了指正錯誤，讓他覺得自己蠢到極點，反而因此士氣低落，可就得不償失了。

現在很多新聞喜歡用驚悚的標題，後面再加上問號，表示不確定，以爲這樣就能規避法律責任。我們最近也處理很多類似的案件，不過這仍得視新聞的內容而定，如果標題爲了避免責任而打問號，但內容都是肯定句，最後還是有可能成爲我的當事人的，哈哈！

02 資遣與慰留話術

小心資遣員工

一般公司任用新人都有所謂的試用期，但是除非他犯了極大的錯誤，否則一般公司都不好意思請人走路，原因是不知該如何啓齒。有些主管跟員工交情太好，也會不好意思開口，尤其個性比較敦厚的人，可能更下不了重手。

以前我在一家律師事務所擔任合夥律師，該公司對新人的考核非常嚴格，三個月試用期滿，如果他跟公司的調性或想法不同，公司就會請他離開。

這時候，所有合夥人都會看著我，我就知道，該幹活了。

這當然是件苦差事，因爲經過幾個月的共事，彼此已經熟識，要說出這麼絕

情的話，實在很尷尬。每次一開始，我總免不了要誇讚一下對方：「**其實你的表現還不錯，只不過和公司的需求有一些落差。**」

他要走已經很難過，何必再潑他冷水。但是誇獎也要有限度，不能過頭，否則他會感到很疑惑：既然我表現那麼好，爲什麼還要我走？

正確佈達訊息後，可以再釋放一些善意：「你如果要找其他公司，我如果私人幫得上忙，我一定會幫。」

沒有人被fire會很開心，爲什麼不站在別人的角度，幫人家想一想他的心情，圓滿處理此事。山水有相逢，爲人應該厚道，何必把話說絕。

有些主管就是太便宜行事，以至於後患無窮。心想：「既然他都要走了，幹麻還要花時間在他身上，五分鐘跟他說清楚，就可以打發他走了。」

一些作業模式比較西化的外商公司，不太在乎人情包袱，直接明說你的表現不符合公司的預期，然後給你一個箱子，限你在三十分鐘內打包走人，而且打包時，旁邊還有人盯著你，好像深怕你把公司機密帶走似的。

如果是我，我願意花這個時間，我寧可前面花一個小時跟他解釋清楚，也不願意前面花五分鐘，後面花一年跟他打官司，或是處理他事後發洩，到處說公司壞話的後果，很多勞資糾紛都是因爲這樣而引起的。

請你不要走

曾經有一位高階主管向朋友表示：「身爲主管，有時候最值得欣慰的，並不是拿到多大的案子，而是成功慰留一名優秀的員工。」的確，一次業績上的斬獲，也許只能創造一張訂單；留住好人才，卻可以一次又一次，爲公司創造複數的訂單。

我當員工時，每次想離職，都沒有一次成功過。

在7-11工作時，我的上面有一位法務組長；再上面有一位管理部經理。我要離職時，徐重仁總經理跟我談了很久：「你就當作是幫我的忙……」我就這麼又被說服留下來一年多。

在顧問公司時，我爲了準備考律師執照而提出辭呈，也是經老闆三番兩次慰留。

等我考上律師執照，準備開業而打算離開台視法務員的工作崗位時，主管爲了挽留我，也是使出絕招，一方面很有誠意，一方面又半霸氣半孩子氣：「我不管，我就是不簽你的辭呈。小武，你一定要留下來幫我的忙。」

當時我的事務所成立在即，實在沒有理由繼續留下來。但是當主管那麼有誠意，做爲屬下眞的不好意思開口拒絕，只好又留下來半年，盡可能幫忙處理公司的法律事務，自己再利用其他零碎的時間，準備事務所成立的事宜。

挽留員工，態度一定要非常誠懇，要讓他知道他對公司的重要性。

例如：「你一定要幫我，你難道忍心看著我……」一副沒有他，公司就會垮掉的那種感覺，讓人感覺備受重視，不管如何誇大都無所謂。

另外，可以再加上一點霸氣、一點孩子氣，某種程度再釋放一些資源，例如新職務安排、升遷、加薪等對員工職涯的規畫遠景，員工應該會被你的誠意所打動。

03 電子溝通陷阱多

別躲在電腦後面罵人

現在很多上班族喜歡透過網路聊天，用電子郵件、簡訊或通訊軟體等簡單的文字取代語言的溝通。講話有表情語氣等肢體語言輔助，但文字沒有，除非你很善於運用文字，否則過度簡化的文字，很容易造成誤解。看待現代化的電子溝通工具的態度要嚴謹一些，不能當成講話那麼隨意，否則一旦發生糾紛，很容易被拿來當成證據。

公共電視節目「爸媽囧很大」邀請中正大學法律系教授盧映潔擔任來賓，探討是否廢除死刑的議題。支持廢除死刑的盧教授，在節目中所提出的主張，引來

部分網友大加撻伐，在網站以侮辱性字眼批判盧教授，甚至有惡毒留言詛咒其家人。盧教授認爲名譽受辱，狀告一百零八名網友妨害名譽。

即使是公眾人物，他的行爲可受公評，但不代表要受到公然侮辱。多人以爲電腦是他們的安全防護網，躲在電腦後面用個匿名，就可以任意罵人。其實偵九隊的電信警察很容易就可以調閱出你所有的資料。所以電信警察很快就從電腦IP追查出辱罵盧教授的網友身分，其中不乏博士、碩士等高知識份子。

其實最好不要罵人，一旦養成罵人的習慣，你不會因爲是兩人的私密對話就大放厥詞；在網路社群或公開場合要特別注意措辭，分寸一旦拿捏不好，就必須有上法庭的心理準備！

文字必須比說話更嚴謹

對我來說，文字會留下證據，我看待文字的態度和一般人不一樣，對外文字的用字遣詞，我要求非常嚴謹，我不希望對外發文的文字是不完整的、有疏漏的，如果沒有精準的文字，我寧可用說的。

講話就算說錯了，除非對方事先錄音，否則要舉證是比較困難的。如果要溝通的內容比較複雜，我建議當面或是用電話講清楚。

因爲E-mail或簡訊經常流於太過簡化，而且比較不正式，如果加上語助詞，差別又更大了。「好」跟「好啦」、「好啊」，三個詞看起來差不多，但所呈現出來的意思卻完全不同。

語尾音調上揚地說：「現在在幹嘛啊？」和語尾音調往下壓地說：「現在在幹嘛啊？」所呈現出來的意思也不同，但是寫出來的文字卻一模一樣。

如果對方在閱讀文字時心情不好，所解讀出來的意義也完全不同。文字是中性的，除非你特別運用一些文字強化你所要表達的情感，否則光是一般文字，造成的誤解也很多，所以現在很多人會在簡訊或E-mail後面再加上一個表情符號，輔助肢體語言的不足。

以簡訊、通訊軟體或電子郵件做爲溝通工具，敘述應該盡量完整，但這些即時的電子溝通工具，不像以前寫書信那麼正式，字字都經過琢磨，而是以非常口語的形式快速傳達，但也常因爲太過簡化，經常造成誤會，而且容易留下證據。

曾經有一家公司的員工，在公司的網路上向朋友抱怨，說公司的不是，公司發現他有異狀，就請人調出他所有的通話紀錄、電子郵件和APP作為證據，最後這名員工就因此被開除了。

不過在軟體APP或電話中罵人或公司，公然侮辱罪不一定會成立，因爲只是兩人私下行爲，不見得有公開之意，但若有傳述不實的事情，仍有涉及毀謗罪之情形。但如果在社群網站，用國罵、省罵或是情緒性字眼罵人，就會涉及公然侮辱。

話雖如此，電子溝通也不是完全沒有優點。

現在很多上班族喜歡透過APP聊天，有時聊天的內容你不感興趣，勉強敷衍幾句，但是對方還以爲你有興趣，繼續滔滔不絕講下去。

APP的好處就是大家彼此見不到面，只是透過線上的對談，隨時都可以找個理由中斷談話，例如：「我要去開會了，再聊！」甚至還可以再補上一句：「記得下次一定要跟我說喔！」這樣既可以保持禮貌，又不會得罪他人。

04 小員工的說話術

被罵時，應該回嘴嗎？

很多員工被罵時，都習慣把責任往外推。遲到是因爲塞車；報告寫得不好是因爲資料給得不齊；業績沒達到目標是因爲老闆領導無方……

不僅事情沒做好，而且還不承認錯誤，總共犯兩個錯。通常最讓主管火大的反而是後者，犯錯了還狡辯，罪加三級，因爲狡辯表示你還是沒發現自己的錯誤。

事情出錯了，如果眞的是你造成的，最好的方式就是坦白承認。告訴老闆自己犯了錯，這是給自己很好的教訓，也會從中學習。讓老闆知

道，你會針對這次的錯誤深自惕厲，絕不會再犯。除了口頭認錯之外，當然要眞的改過，千萬不要看看還有沒有哪個倒楣鬼可以推卸責任，因爲事情到最後一定會水落石出。

即使眞的不是你的錯，我也不建議在第一時間就說是別人的過錯。至於老闆指責你的過失的部分，你可以用委婉的態度，建議老闆再去仔細查一下，是不是某個環節或是某個部門出了差錯，或是中間協調出了問題。

如果你是中階主管，你的屬下出了錯，你應該要扛起責任，概括承受。跟老闆報告時，不要點名是下面哪個人的責任，這是主管有沒有肩膀承擔的問題。你可以跟老闆表示，是你自己帶人沒有帶好，自己沒有盡到監督的責任。既然監督沒有做好，不如先勇於承擔責任，回過頭再找屬下溝通，釐清爲什麼會出錯？

告訴他，沒有人不犯錯，責任你一定會扛，但他必須藉機學習。這樣一來，你的屬下一定會很感動，更願意爲你做事。

以前我當員工時，碰到的中階主管都非常好。我在顧問公司工作期間，有一次我們要送一份意見書。高階主管的想法與我們有一點出入，但我沒有清楚瞭解高階主管的要求，就寫了意見書，中階主管也覺得我寫得沒有問題，於是便將意見書呈交上去。

高階主管一看，覺得意見書寫得與當初開會所說的有出入，於是他把中階主管叫進他的辦公室，我在外面聽到他們講話很大聲，裡頭鏗鈴哐啷。

我知道出問題了。

照理來說，我的主管大可以把我叫進去一起陪葬，因爲意見書是我寫的。但是他沒有這麼做，因爲他認爲他已經事先看過那份意見書，表示他自己的考慮也有欠周詳之處，所以他二話不說，將責任一肩扛下。讓他一個人在裡頭面對暴風雨，我很抱歉，也很感激。

等他出了高階主管的辦公室，我忙跟他說：「歹勢！」他反而安慰我說：「沒事啦！放心，大不了改一下就好。」這就是帶人帶心。

跟老闆說拜拜

無論是因爲沒有獲得升遷，或是因爲個人理由想要換個環境，想離職時，該怎麼向老闆開口？

有些人爲離職編造理由，騙老闆要出國讀書，或是回老家照顧爸媽，不久後，老闆卻發現他在兩條街口外的一家公司上班。

工作來來去去很平凡，何必欺騙，不要把自己的後路給斷了。被欺騙的感覺不會好，謊言一旦被拆穿，萬一前老闆一氣之下，打電話告訴新公司，你這個人不誠實，那不是更糟嗎？

說出國，最後可能就出了這個行業，很多工作圈子很小，早晚會碰到，離職的理由最好老實說。

你可以告訴老闆，最近工作遇到瓶頸，無法突破，繼續留下來對公司也沒有好處，無法有更好的貢獻，希望換一個新環境重新出發。

如果你已經找到新去處，對方提供更好的待遇，或是更大的發揮空間，也不必諱言對方提出的各方面工作條件，確實比較符合你現階段的需求。

如果你要到競爭公司上班，雖然不必主動告知你要去哪個新公司，但如果主管問你，也不必刻意隱瞞。如果老闆眞想挽留你，勢必會釋出更好的工作條件。**讓老闆清楚知道你想離職的原因，是因爲生涯規劃、升遷發展，或是薪水等等，但千萬不要以此作爲交換條件，或是個人的跳板**。

我不喜歡有些人以退爲進，不是眞的要離開，而是拿離職爲交換條件，這麼做，遲早有一天會踢到鐵板。

曾經有一個當紅的電視節目，幕後工作人員有點小聰明，料定節目正熱，如果他一離開，無法有人立刻接手，於是跟直屬上司釋放離職訊息。但是他的說話技巧不純熟，一邊說想離職，一邊又希望加薪。

碰巧他的主管本來就不是很喜歡他，於是立刻召開會議，在會議中告訴大家：「某某人想離開節目，不過他想拿加薪作爲交換條見，我不同意。你們當中有人可以接手他的工作嗎？」

剛好其他同事都不喜歡他，因此大家都咬緊牙說：「可以。」弄巧成拙的結果，最後他也不得不離職了。

記住，這個世界不會因爲少了某個人，就停止轉動。即使離職，也要走得愉快，大家互相祝福，將來還可以是朋友，也許未來還有合作共事的機會。

05 道歉的哲學

都是你的錯

我曾經遇過一個案件，對方是一個大型企業的重量級人物，他想請我們吃飯跟我們協商，於是透過一個中間人打電話來邀約。那名中間人事先告訴我們日期「可能」是訂在哪一天。

兩個禮拜過去了，他始終沒有打電話來確認。這兩個禮拜之間，我們還因爲其他事情見過面，但是他始終沒有提到約定吃飯的事情。基於禮貌，身爲客人的我們，也不好意思主動詢問。

以我的經驗，如果是我請客，我一定會主動確認所有細節，包括時間、地

點、與會貴賓，以及座位安排等等，並將訊息清楚向所有賓客確認。到了暫訂日期的前一晚，爲了確認明天的行程，我還特地問了公司經理，對方有沒有確認時間，但是我們始終沒有接到確認電話，因此我們就安排其他行程在那天中午了。

到了第二天，也就是約定當天，原本他告訴我們可能是當天十二點，那位中間人直到十一點半才匆匆打電話給我們公司經理：「你沒忘記我們的約定吧！」當他知道我們已經安排其他行程時，還一副非常不可思議地說：「啊！怎麼會這樣呢？我們不是已經講好了嗎？」

後來當他發現是自己忘了確認約定後，才說：「眞的嗎？可能是我忘記了，不好意思，這算是我一點點小小的疏忽。不過，對方公司的祕書也好奇怪，竟然忘了跟我再次確認，所以他的問題也蠻大的。」

這算是挺糟糕的一種道歉方式吧！自己出錯，還要把責任推給別人，這樣怎麼能夠讓人感受出道歉的誠意呢？比較理想的說法應該是：「不好意思，可能是我的經驗比較不足，做得有欠周到。能不能麻煩請您再挪出幾個時間，我保證絕對不會再發生同樣的事情。」這樣別人聽起來會舒服多了，也比較願意再幫你安排其他時間。

承認錯誤並不會讓別人認爲你很糟，推諉塞責才會眞的讓人覺得你糟透了。

我認爲，做錯事情千萬不要等人來責問，第一時間自己趕快承認，因爲問題最後一定會浮現出來，與其等主管來詰問你，還不如自己先認錯。

道歉別加語助詞

犯錯了，道歉是最好的策略，但是道歉要有誠意，有時候道歉過多，變成一種習慣，也會變得沒有誠意，「對不起、對不起」和「抱歉、抱歉」說多了，變成跟說「嗨」一樣，道歉也變得不值錢了，彷彿成了另一種口頭禪。

現在很多七、八年級生，喜歡把語助詞掛在嘴邊，「啦」成了最平常的語彙，「好啦」、「對不起啦」。

「啦」這個語助詞，在道歉時就成了贅詞，最好可以拿掉，否則會給人沒有誠意的感覺。「好的」和「好啦」；「對不起」和「對不起啦」，兩者聽起來，感覺差很多，加上語助詞，通常誠意會被打折扣。

有一陣子，為了一個合作的案子，我和幾位伙伴經常碰面。其中有一位年輕的合作對象，老是在同一個地方犯錯。雖然我已經提醒過他了，但他卻總是犯同樣的錯誤，就這樣一而再、再而三。

有一次，我終於忍不住指正他的問題，他竟然還是一副蠻不在乎的樣子：「對不起啦！」

我平常對人沒有什麼架子，但是對於他屢次都以無關緊要的態度面對問題，實在有點看不下去，於是我嚴正地對他說：「你可不可以把『啦』」拿掉？」

對於我的反應，他著實嚇了一跳，意識到自己已經踩到底線，以前他都是回答「好啦！好啦！」那次他看我越來越嚴肅，趕緊挺身坐好，不敢再搖頭晃腦，立刻回答「好」、「是」，「接下來我們要討論……」整個人都變得嚴謹，講得內容也比較言之有物。

我經常跟很多年輕朋友說，**道歉如果沒有誠意，不如不要說**。這些話光聽都會火冒三丈，覺得你不服氣，為道歉而道歉，心裡根本不想道歉，但礙於自己是小員工，不得已只好低頭道歉。

如果你身邊的朋友講話都喜歡加語助詞，你可以練習把自己的腦袋分成幾塊，碰到年輕朋友就跟他：「好啦」、「就醬子吧」。

就像我碰到北京人，我也可以跟他說：「這樣好唄！」以拉近彼此的距離。但是當我在面對正式的場合時，就不會出現這些詞彙。你必須訓練自己清楚拿捏，如果你無法精準掌握那個分際，那麼，為了你好，乾脆都不要加語助詞，就不會養成這種習慣了。基本上，在生活中最好盡量不要說語助詞，一旦習慣養成，就很難改變。

不能以「我平常就是這樣講話」作為藉口，那表示你平常就錯了。

換個角度想，如果你的朋友都是這樣，那你也永遠跟他們一樣，不容易有升遷的機會。

能夠獲得拔擢重用的，一定是對自我要求比較嚴格的人。如果你覺得大家都一樣，你就會永遠跟大家都一樣，沒有成長。

想想看，如果老闆用你說話的口氣對你說：「關於升遷，那就下次再輪到你囉！」你的感覺如何？

06 相信我，我值得信賴

加強本職學能

有些人認爲，厲害的業務員都是因爲口才好，會說話才能讓客戶產生信賴感，進而成交。

但我常跟我們事務所的律師說，**想讓客戶對你產生信賴感，首先要讓人知道你的本職學能眞的很棒。**

當你的本職學能足夠時，講起話自然有自信。如果你對你要表達的內容不熟悉，沒有眞材實料講起來一定很心虛，連自己都無法說服，又怎麼能說服客戶呢？

有一次我朋友的公司想找新的辦公室，和幾家仲介公司接觸後，對方提供很多訊息。

「能不能告訴我，附近地段的行情大約是多少？」

「這附近的行情大約落在一坪四十到七十五萬元之間。」一位仲介這麼回答我。

但是，這樣的答案，範圍未免太大了些。

我接著再問：「室內使用的坪數是多少坪？」

「這個可能我要幫你們算一下。」仲介回答。

「請問這個案件是幾層樓的幾樓？」

「這一棟總共是六樓，但這一戶是在幾樓，我要再幫你查一下。」

找房子的客戶在乎的不外是：坪數、樓層、地點、價格、一層樓有幾戶等等。我心裡不禁覺得納悶：這些不都是最基本的問題？身爲仲介公司的業務人員，這不是基本應該準備好的資料？

他這樣的反應讓我覺得他不夠專業，也就是剛才所說的，本職學能不足，這樣客戶怎麼敢把房屋買賣交給你。

想加強自己的本職學能，平時就必須累積自己的專業，培養快速掌握重點，並將之正確表達出來的能力。

我也經常碰到本職學能不專精，卻很善於聊天的業務員。但我認為，客戶自然會判斷你是眞的有內涵，還是只會油嘴滑舌。

唯有從本職學能發展出來的專業信心，加上誠懇的態度，才是好的業務保證。

觀其眸子，人焉廋哉

當你的本職學能足夠時，第二個層次才是肢體語言，透過抑揚頓挫的語調及豐富的肢體動作讓人信服。

孔子說：「觀其眸子，人焉廋哉。」當你要對方信任你時，眼神不應該閃爍，如果你有信心，就會以堅定的眼神，傳達出要別人相信你的訊息。

與人對談時，對方一定可以感受到你專注的眼神，如果你的眼神飄移，對方也會覺得你沒有誠意。

對所有的服務業來說，誠懇都是最重要的。

我曾經碰過一個很年輕的仲介業務員，當時我屬意某一區的房子，但是該區委託給他的物件只有一間，我看過後覺得不是很滿意。他表示會幫我留意我喜歡的類型，想辦法幫我找到那樣的房子。

後來有一些房子雖然不是委託他賣的，但他還是會帶我去看，他告訴我：「如果你買到喜歡的房子，雖然不是我的物件，我也開心。你總有朋友，當你覺得我的服務不錯，你也會介紹朋友給我。」他讓我覺得態度很誠懇，我聽了也覺得很開心。

我在很多場演講中都曾經提到，如果你希望別人覺得你很誠懇，就別把利字擺在前面。當你把利字擺在前面，別人就看不到你的誠懇。不要把利字當先，反而可能會有更大的收穫，這就有所謂「財散而人聚，財聚而人散」的道理。

所以，**學說話的前提就是要建立專業，有了專業就會有信心。接下來就是態度誠懇，當你的態度誠懇，客戶自然願意把案子交給你。**

現在有一些仲介行業會對公司內部的業務員進行教育訓練，教他們如何說話才能建立客戶對你的信任感。

身爲一個仲介業務員，如果眞的對市場行情區域行情很熟悉，或是有很多業績，用這樣的實績去說服客戶，當然有利。

但如果只會上說話課，沒有基本內容，就像中國武術一樣，難道照著拳譜比劃兩式就會了嗎？

當然不是。

眞正厲害的人，只要馬步紮得穩，基本功很夠，他的招式是無招，形是無形。

關公爲什麼那麼厲害，和他那把「青龍掩月刀」不無關係，因爲他的刀很重，能夠舞得動那把刀，表示他的臂力、體力，練的基本功夫都比別人紮實。當他用上百斤的刀練武，別人只用十斤，砍下來當然比別人更具威力。

不要承諾做不到的事

有些人爲了拿案子，事前什麼都答應客戶，什麼都沒問題。其實，這種人才是眞的有問題。在律師界，如果聽到一個律師跟你拍胸脯保證，這個案子百分之百沒問題，那你就需要重新考慮，這位律師是不是眞的是你需要的律師。

我從來不跟客戶打包票，尤其是訴訟案件，即便我對這個案件很有把握，但總有一些不可預知的變數。

話到嘴邊留三分，不承諾自己做不到的事情。

做業務要長遠，如果承諾沒有做到，客戶也不會再信任你，也沒有下一次合作的機會。

以律師的服務過程和結果來說，我認爲過程佔八成，只要服務過程讓客戶滿意，即使結果不盡如人意，客戶還是可能會信賴你。

如果結果還可以，但過程讓客戶不滿意，他下次不見得會再找你，因爲那次勝訴可能只是運氣。因爲想盡快拿到案子，而把利字擺在前面，用這種短視近利的態度，久而久之，一定沒有客戶再找你。

07 團隊提案的默契

不求個人表現強出頭

在工作中，有時會碰到一些大型的個案，由幾個事務所一起承辦，這種情況在律師、建築師、設計師等行業經常可見。這時候彼此之間的合作就非常重要，提案時必須培養一些團隊的共同默契。

以訴訟案件爲例，當多位律師共同負責一個案件時，爲了培養默契，我們一定會事先沙盤推演，先在事務所開過會，討論各種可能性，尤其是正反雙方的意見，就是所謂的假想敵。

因爲每個人都有思考盲點，如果都順著同一個方向思考，就不會有不同的答

案，大家都要嘗試從不同的面向思考，才能應付對方可能採取的策略。

面對這種大型個案，我們都會在事前先決定整個案件由誰主導，誰負責提供資料證據，先將個人的執掌分配好。在合作過程中，每個人的分際拿捏，都應該以當事人的最大利益爲考量，而不是求個人表現、強出頭。

在過程中，你可以堅持自己的想法，不過，一旦作出團隊決定，就應該全力支持，否則就應該退出。

我們自己的事務所內部，也有人曾經爲了彼此意見不同而跳上桌子，感覺像是快打架一樣，不過一旦定案，大家就不再堅持己見，這才叫作團隊。

避免放馬後砲

國內有一項職業運動，曾經請四個國內頂尖的律師事務所，幫忙處理球員跳槽的問題。通常負責這種大型案件的，都是知名律師事務所的主持律師，彼此之間沒有誰大誰小之分。

那個個案剛好是由我負責整合，正因如此，我的態度反而要更低調，先聽取別人的意見，尊重別人的想法，而不是什麼都由自己主導，我說了算數，什麼都得聽自己的。

當時幾位律師之間，彼此意見有所不同，會議中並沒有結論。

我認爲，如果不私下進行溝通，下一次開會的結果，肯定還是大同小異，永遠無法定調。因此會後，我特別一一到幾位意見不同的律師家裡或是他們的事務所，進行溝通拜訪，化解彼此歧異，提出可行辦法，並詢問他們是否有可能改變想法，最後事情才得以圓滿解決。

合作的幾位律師之間，不可能彼此堅持不同主張，否則當事人尚未開庭之前，就先被五馬分屍了。

越專業的行業越沒有妥協性，每個律師都會提出他認爲最好的意見，可能的利弊得失，不見得有絕對對錯，必須把所有意見整合給當事人做參考，最後究竟要採取何種主張，還是得由當事人自己決定。

只要定調，就不應該再有第二種意見。

同一個案子的合作團隊，都應該經過這個歷程，就連電視台的節目也是一樣，節目走向、邀請來賓名單……一旦決定，就不要在背後耳語，應該盡全力支持到底。

如果事情的結果還算順利，也要盡量避免跳出來當英雄：「當初要不是我堅持，結果就不會這麼順利……」這種事後諸葛的說法，只會讓人覺得討厭而已。當時你有堅持，這也代表當時別人不堅持，所以才會有好結果，如果其他人繼續堅持否定的態度，就不會是這樣的結果了。

萬一最後的結果不如預期，千萬不要指責之前堅持主張的人：「都是你，當初要不是你堅持，結果就不會是這樣了。」因爲一旦決定，就是大家共同的決定，結果不好，大家必須共同承擔。

我也常常提醒自己不要犯這樣的錯誤，一旦決定了，就不要再回頭算帳，這樣才能避免衝突與糾紛。

08 拉近和客戶的距離

創造共同語言

近年來有些保險公司、仲介公司會在公司的教育訓練中，安排打高爾夫球、品嚐紅酒等課程，以拉近和客戶之間的距離。

我同意，這叫做「創造共同語言」，但不太可能只憑這些就有業務憑空掉下來。

如果我要買房子的時候，我問業務一些資訊，他講得不清不楚，反而是球打得比較好，我還是不會找他買，特別是高單價的車子、房子，更不會單純因爲交情，或是聊得來就進行交易。

有些人喜歡加入獅子會或是扶輪社這些社團來拓展人脈，建立一些交情。但交情不等於成交，不等於買賣，它像一塊敲門磚，可以打開這扇門，但能不能登堂入室找到客戶，還是要憑他的眞功夫。

參加這些社團的基本心態必須調整，目的不是爲了賺錢，而是拓展自己的眼界。

大家各自在不同行業，接觸到這些人，可以瞭解不同領域的事物，也是一種很好的經驗，有點類似我在主持節目時，每一集邀請的特別來賓都不一樣，每一次都可以聽到不同的故事，學到不同面向、不同行業的知識，我就像參加一個電視圈的獅子會或扶輪社一樣。因爲不懂，就越有興趣跟這些朋友聊，從而自然建立一些交情，並衍生出未來共同合作的機會。

但是千萬不要把順序弄錯，先考量未來有沒有合作機會，合作機會比較高的，才願意多聊一聊，結果會適得其反。抱著有目的的心態去接近名人，那些人在社會上聲譽崇隆，見多識廣，不會洞察不出你的企圖，交情可能也僅止於點頭之交。

君不見《孟子》梁惠王篇提到，王曰：「叟！不遠千里而來，亦將有以利吾國乎？」孟子對曰：「王何必曰利？亦有仁義而已矣。」這個道理，古人在千年以前就已經告訴我們。

在社交場合與人交談

有時候，我們參加一些公開宴會或是派對，宴會中大部分都是不認識的人，總是很難跨出那條線與人交談。

最簡單的方法就是找自己認識的小團體先加入談話，只要當中有一人是你認識的就可以，友誼就是這樣拓展開來的。

相對的，如果你是當中唯一一位認識這位朋友的人，就應該主動向其他友人介紹這位新朋友。

萬一現場衣香鬢影、三三兩兩的談話圈中，都沒有你認識的對象，你突然拿個杯子加入，顯得過於突兀，別人也不見得歡迎。但是當有人落單時，如果你主動過去攀談，他一定會很歡迎，因爲你的適時出現，化解了他一個人的尷尬時光。

如果對方是個名人，你曾經在報章雜誌看過他的相關報導或文章，也可以作爲開啓兩人說話的起點。

不過，首先要注意的是那則報導如果是負面的，例如緋聞、耍大牌、公司經營危機等，就千萬別白目的亂提，另外也得注意報導的內容適合現場的氣氛嗎？

如果大家正在談某個話題，原則上應該先順著話題往下走，避免其他人覺得突兀，然後再適時轉入其他話題。

稱謂學問大

聚會時，如果年紀有差異時，千萬別當著他的面說：「我們年輕人……」在場的年長者一定不會高興聽到這樣的用詞，因爲這樣表示他被摒除在「我們」之外，而且被明示，他不年輕了。

現在的年輕人多半不太懂得如何稱謂。

在節目中，只要邀請「副院長」或是「副科長」，我一定稱他「副座」。有一次，製作單位一位很年輕的工作同仁問我：「如是來賓是院長，我們要稱他

『正座』嗎？」

當然不用。

以前曾經有一位政壇大老為了選舉，去拜訪另一位高官，基於禮貌，他也稱對方身邊的人士「某某兄」。沒想到對方卻冷冷回應一句：「我的年齡也沒有虛長你幾歲，不必稱『兄』吧！」大老身邊的人馬護主心切，也不客氣地回應他：「稱『兄』只是基於禮貌，並不是表示你有多偉大！」

稱謂的邏輯其實很簡單，對男性的稱呼，直接加一級，就算看起來年齡相仿，加個「哥」準沒錯。現在「兄」字已經被「哥」所取代，多加一個「哥」，總好過稱呼對方全名。

以我自己為例，如果只稱呼「謝先生」顯得太過生疏；叫「震武」又覺得怪怪的；稱「武哥」或「小武哥」都可以，目的都是為了拉近彼此的距離。有時候，我沒辦法精準猜出對方的年齡究竟比我大或小，我還是寧可以「哥」相稱比較保險。

如果大家都稱他「某某哥」，即使是第一次見面，你還是可以跟著大家一塊兒稱他「某某哥」。在稱謂上，跟著大家叫，一般不會出什麼大錯。很少人會直接挑明說：「稱小武哥喔，我們很熟嗎？」

但是稱呼女孩子就不一定了。

即使年齡相仿，隨便冠上「姊」，有些人可是會很在乎的。也許她會覺得，我看起來明明比你年輕，或是我實際年齡也比你年輕，幹嘛人前人後一直稱我爲「姊」。

有時候你是基於禮貌，或是對方在業界資歷比你久而稱他爲姊，但效果卻適得其反，女生不僅不開心，有時還會很生氣。

總之，稱呼女性要特別小心，看起來像阿姨的就稱爲「姊」；看起來像姊姊的，就把「姊」去掉，全部降一級就沒錯了。

在節目中稱呼特別來賓，我不會三個字連名帶姓稱呼他，即使給我的資料中是直接寫「某某某」三個字，如果當天他人在現場，我也絕對不會連名帶姓直接叫他的名字。

至於年輕晚輩的稱呼，我就會直接叫他名字。

但如果沒有人這麼稱呼他，而且這麼稱呼聽起來也怪怪的，這種情況，我會在開錄前先私下問他：「待會在節目上怎麼稱呼你比較恰當？」如果我跟那位來賓不熟，也會透過經紀人問對方的經紀人：「大家平常都怎麼稱呼他？」不管對任何人，連名帶姓的叫，總是比較不禮貌，但如果對方是單名，就不適合只稱呼一個字的單名。

如果拜訪位階比較高的人，可以直接加上他的職稱，例如「郭董」。很多立法委員就算現在已經不再是立委，我還是稱他「立委」；已經卸任的部長，我還是稱他「部長」，總之就是以他曾經擔任過的最高職位來稱呼他。這不是逢迎拍馬，而是對他經歷的一種肯定。

第五章

新鮮人面談守則

01 第一次面試

沒經驗的菜鳥

人生總有第一次。

第一次找工作，第一次面試，什麼都沒有，什麼都不懂，該怎麼讓主考官對你有好印象？

其實很簡單。面試時，如果遇到同校的，就喊一聲「學長」、「學姊」絕對不會有錯。

我踏入社會的第一份工作是擔任7-11總公司的法務人員，當時法務部的主管是一個政大的學長。我跟他差很多屆，在校時並不認識他。他看了我履歷後對我說：「欸！你也是政大畢業的？你是哪一屆的？」一聽到這裡，我立刻說：「學長好，那時候沒有機會跟學長在一起，向學長學習，現在希望有機會能在學長這邊學到一點東西。」

面試過程中，我開口言必稱學長。因爲有這一段因緣，無形中縮短了彼此的距離，所以面試還算順利。學長對我的印象很好，後來我也獲得錄用，雖然不完全是因爲學長學弟的關係，但我認爲一定有加分的作用。

很多社會新鮮人，礙於自己沒有太多資歷，在面試時往往不知道該如何介紹自己。

有些人在面試時，喜歡形容自己是個「活潑開朗」、「耐磨耐操」的人。但是，人格特質其實比較難單靠口語描述，就能讓人眞實感受到。況且，每個行業所需的特質不同，如果你應徵的是業務工作，活潑開朗、耐磨耐操可能就派得上用場；如果你應徵的是律師事務所，律師事務要求的人格特質是：可以安靜坐在辦公室想事情、寫東西，出庭時可以清楚表達的能力，還是得視行業的特性而定。

職場新鮮人除了多談自己在學校的社團經驗，面試時，更重要的是表現你對未來的衝勁，希望像海綿一樣，很快吸滿水的那種人。

盡量讓主考官覺得你很積極上進，認爲你未來的可塑性很高。

表達自己的積極性

我的第二份工作是在私人顧問公司上班，老闆是個外國人。雖然老闆也是法律背景出身，但我是公司裡，唯一一個處理國內法律方面業務的人。

剛進公司時，我們全公司只有老闆、我，再加上祕書和會計總共四個人。報到第一天早上，我進辦公室時，老闆還沒有進公司，於是我問祕書跟會計，爲什麼老闆會錄用我？

「因爲你寄來的履歷上所附的照片比較帥。」這是眞的，不是開玩笑。我的意思不是我眞的長得比較帥，而是因爲我在履歷表上所附的是彩色生活照，而不是傳統的黑白大頭照。

因爲這份工作主要是提供外商公司一些法律意見，需要有一點活潑，所以我特別準備一張生活照，而這張生活照也眞的發揮了效用。老闆覺得我的履歷比較不拘泥於形式，比較活潑，但也不會太過花俏，再加上面談過程中，老闆覺得我表達出來的積極性很強，所以才會錄用我。

面試時，我很坦白告訴老闆：「可以跟外國人一起共事，而且可以學習負責處理法人方面的法律事務，在國內很少見到這樣的工作環境。某種程度我可以發揮自己所學，而且，我可以從你這邊偷偷學一點英文。對我來說，這個環境很好，當然，你給的薪水也很不錯。」

他從我的談話中，感受到我很有企圖心，也很積極想在那份工作中，學到一些東西，包括「英文」這個附加價值。

有時候面試時，主考官會問你，願不願配合公司政策，調派到國外工作？

如果公司當初徵才的條件很清楚就是要派駐國外，你當然不能說你不想去，否則何必前來應徵。但不管你原先有沒有打算離鄉背井到外地工作，你都可以告訴主考官：「在這個階段，我認爲學習經驗最重要。如果公司有這方面的發展方向，我會盡量配合公司的需求。」

面試回答應該盡量展現自己的積極態度，我們不知道主考官究竟是在測試你，還是公司眞的需要派員到國外工作？

未來的事誰都無法預測，但是想進一家公司任職，公司有需求，你爲什麼不配合？

公司請你來，結果你什麼都不能配合，試問，公司爲什麼要錄用你？

換一個角度將心比心，如果你是管理者，你會想錄用這樣的人嗎？

新人找工作，當然是盡可能配合公司制度，被錄取的機率才會增加。

02 天哪！當時好糗

雞同鴨講，答非所問

以前我自己找工作，都會在面試的前一天，事先模擬應徵公司大概會提出哪些問題，自己應該如何回答比較恰當？爲的就是避免讓自己陷入答非所問的難堪之中。

我在台視的人事部門服務期間，就親眼見到一個這樣的例子。

當時台視還是新聞王國，準備應徵一位英語新聞主播。應徵工作是由新聞部主導，但有時他們也會請我們人事部門一起幫忙面試。

新聞主播的面試，通常會請應試者先試播一小段新聞，至於英文主播則須以英文播報。

當時有一位蠻有名的主播前來面試。一開始，他先以英文作一段自我介紹，然後便針對問題，以英文播報的方式回答。

我們人事部門事前並不知道新聞部所出的題目是什麼，只覺得他的英文眞的非常流利，而且無論外型、口條都非常好。令我們意外的是，最後他竟然沒有被錄取。

我們忙不迭請教新聞部主管，爲什麼沒有錄取他？

「他講得很棒？」新聞部主管問我們。

「眞的很棒啊！」這是我們人事部門一致的感覺。

這時候新聞部主管告訴我們，那位應徵者完全答非所問。

比方我們出的題目是「淡水河整治的一天」，但是他從頭到尾講的卻是有關木柵動物園的內容。

原來，他事先準備了一個稿子，也不管現場出的是什麼問題，就都照本宣科，按照事先背好的講稿講出來，完全牛頭不對馬嘴。

其實，就算面試所出的題目你沒有事先準備，但這時候你必須很誠實地用英文告訴主考官，你事先剛好沒有準備到這方面的問題，並設法用英文表達一些你對這個問題的看法。

因爲新聞工作最重要的第一件事，就是眞實。他忘了這個最重要的原則，讓主考官認爲，面試時都能昧於事實，自說自話，那你以後可能會掰一個假新聞，完全忘了新聞從業人員的第一要件是什麼，我怎麼可能錄用你？

誠實回答爲上策

面試時，有些問題剛好問到應試者的弱點，讓人不知該如何回答。

其實回答面試的大原則，就是不要欺騙，因爲謊話很容易被戳破。

當我在律師事務所面試新人時，我會拿一個我們目前正在辦的案子，將人名跟一些關鍵內容事先刪去，然後拿給應試者，問他在策略上，這個案子接下去該怎麼打比較好，過程中要不要進行協商等等。就算面試時，他把自己的經驗履歷講得很漂亮，但有沒有經驗，一試便知分曉，騙不了人。

所有面試都應該事先準備，先瞭解這是一家什麼公司，需要什麼樣的人才，我該如何表現自己。

萬一主考官問你一些難以回答，或是你沒有準備的問題時，你可以很誠實地告訴他：「這種狀況我眞的沒有碰過，但也許將來在公司，我可以學到這方面的經驗。」有時候，他們只是想知道你面對問題的態度，而不是想聽你的答案。

你不見得處理所有事情都能做到一百分，但如果你的態度是一百分，在處理事情方面就不會太離譜；他們想知道的，也許正是這個部分。

穿著談吐力求穩重

我在面試新人時，最在意兩點。

第一是，應試者是不是有眞才實料；其次是，他的表達能力如何。如果他的專業實力很紮實，但是礙於口拙，完全沒辦法表達出來，充其量只是半個好律師；如果只是口才好，肚子裡沒有眞材實料，那更糟。

對一個律師來說，專業與表達兩者缺一不可。

曾經有一個人到我的律師事務所應徵律師。他來面試時，穿著牛仔褲、揹個背包，一派休閒的打扮就前來應徵。回答問題時也很隨性，給人一種吊兒啷噹的感覺。

面試問到最後，我問他：「請問你爲什麼要來我們事務所應徵？我覺得你一點都不想要這份工作，因爲沒有一個來應徵的人像你這樣子。你讓我感覺，如果你去法院開庭，應該也是這副模樣。你覺得你這個樣子，怎麼說服我用你呢？」

他解釋說，他以爲現在年輕人不都是這樣子嗎？而且這樣或許可以給人不一樣的印象。

我能瞭解他的想法，但這應該視工作類型而定，如果你應徵的是廣告公司、電視製作公司、雜誌社等創意類型的工作，當然沒有問題，但是他應徵的是以專業、正式形象著稱的律師工作。

你知道，律師爲什麼在正式場合，多半都是穿襯衫或是西裝？就是因爲需要給人信任感。

刑事案件涉及生命；民事案件涉及財產，你的當事人可是把身家性命都交給你。身爲一個律師，無論穿著或是談吐必須力求穩重，才能爲客戶帶來安全感。

03 面試必考題

給老闆一個用你的理由

在面試時，我除了詢問對方的基本資料外，一定還會問應徵者一個問題：「有這麼多人來應徵，我爲什麼要用你？你可以給我一些理由嗎？你覺得你進到公司，對我們有什麼幫助？」

應徵者應該站在老闆的立場思考，爲什麼他要花錢請你，而不是請別人。你要給主管一個用你的理由，可以多談談你在前一個工作中，覺得最有成就的事，以及跟老闆同事相處的愉快情形。

我建議所有的應徵者在面試以前，都應該先做點功課，對該公司的業務進行

基本瞭解，然後在自己過去的經歷中，找出對應徵公司有幫助的部分加以陳述，提出對公司有用的建議，並主動表示，如果自己未來在公司的表現，能夠獲得公司的認可，自己還有一些對於公司未來的想法，希望能夠提供公司未來發展的建議。

這種企圖心代表你對公司的未來有願景，相信主考官也會對你的積極態度感到印象深刻。

只可惜，面試過這麼多人，到目前爲止，這一題必考題，似乎很少聽到眞正令我滿意的答案。

爲什麼離開前一個工作？

除非你是職場上的新鮮人，否則誰沒有過去。如果你對前一份工作百分之百滿意，又怎麼會離開呢！

離開的理由很多，除非你打算自行創業，或是被人高薪挖角，否則多半是因爲對公司有所不滿。

如果你離開前一個工作是因爲跟主管意見不合，我建議以比較持平的態度來陳述，盡量用比較客觀、中性的字眼描述，不要把情緒性字眼帶入，更不要把罪過都推給你的主管，一副自己是無辜受害者的樣子。

比較中肯的敘述方式應該是：「其實在前一個公司工作，我跟大家相處也還算愉快（表示那不是你個人的問題），但後來因爲我跟主管對某些事情抱持不同的看法。站在專業的立場，我必須爲我的意見負責，必須對公司有最大的幫助，在此過程中，我一定會把所有最好的意見提供給老闆，當然最後還是以老闆的意見爲主，如果我的意見無法見容於公司，恐怕就無法在這些方面，對公司有所助益。因此覺得自己應該再尋找一個更能讓我發揮所長的地方。」

我覺得這樣的說法很妥切，沒有不當之處。尤其在注重專業的領域更是如此。老闆的經驗也許比較多，但在專業部分的見解，不一定就比較強。

如果你的工作環境比較封閉，例如會計師、建築師、律師事務所，那就非常容易打探出你離開前一個公司的原因。

因此還是要誠實回答，但不需要把衝突過程描述得太過詳實，例如：「我跟老闆意見不合，大拍桌子後揚長而去，反正此處不留爺，自有留爺處。」如果你現在把情緒字眼帶入，以後可能也會如此。

如果我是老闆，我也不會想用這樣的人。

無論如何，即使離開前一個工作的經驗不太愉快，在面試時，還是應該誠實描述原因，有些主管是眞的會打電話去查證的。

我在面試新人時，會請對方提供幾個我可以聯絡的名單，以便進一步瞭解這名應徵者。有時也不限於對方所提供的名單，尤其律師事務所的業界比較小，我可能直接打電話給對方前一個事務所的老闆，打聽該名員工的風評。

但如果你的工作圈非常廣，譬如業務員，原本在建材設備公司賣衛浴設備的業務，轉換到科技公司銷售線材，雙方業務八竿子打不著關係，離職原因就不見得需要交代這麼清楚，可以用「累了想換個環境」之類的理由簡單帶過。

因爲有些事情不是三言兩語可以解釋清楚，萬一在面試時讓人產生「這傢伙很難搞」的印象，你認爲你還有機會嗎？

另外，如果你換工作的機率太過頻繁，也會帶給面試主考官不好的印象，因此在履歷表上應該好好篩選，在一個公司待不滿半年的那些工作經歷，還是不提也罷！

老闆，薪水可以再高一點嗎？

無可諱言，薪水是很多人換工作的一個主要因素。

面試結束前，老闆總會問起：「你希望的薪水是多少？」要求太高，怕失去工作機會；太低又怕對不起自己。

談薪水基本上可以分成兩種情況，如果是規模很大的企業，一定有它制式的規定，什麼職位的人，就該有什麼等級的薪水。除非你已經是高階的主管，這些大企業才會因為挖角，而為你特別破例，否則一般就是依照公司規定。

如果你是個新人，可以跟對方說：「對我來說，現階段最重要的是學習經驗，薪資的部分就依照公司規定即可。」

我建議在談薪水前，你必須先瞭解自己的市場行情。如果一時找不到自己工作領域的薪資行情，就依照一般坊間說法，大學畢業生起薪大約是二至三萬，再把平均值往上加一兩千元。

如果你覺得，自己讀這麼久的書，好不容易才大學畢業，一個月的薪水就只有兩萬多元，怎麼對得起自己。那麼，就再往上加一些，萬一應徵主管有疑慮時，你還是可以當場酌情進行一些調整。

如果一個大學剛畢業的社會新鮮人，獅子大開口要求月薪六萬元，我會請教他：「爲什麼我要付你六萬元的薪水？像你這樣資歷的人，我花四萬元就可以找到了，你會開出六萬元，是因爲你對市場行情不瞭解，還是因爲對自己太有自信。請你告訴我，爲什麼你值得我一個月付你六萬元？」

如果他是因爲不了解市場行情，那麼我就會懷疑，怎麼找個工作，連市場行情都不知道。

以應徵律師相關工作爲例，我認爲應該把面試當成辦一個案子，當成自己要去開庭。在辦一個案子之前，應該先研究相關資料，做好事前準備，這一點很重要。

對於薪資行情這麼重要的事情，你都沒有事先調查清楚，如果我眞的錄取你，也許你以後工作也是搞不清楚現況，只憑自己漫天亂想，然後把案子搞砸了，我怎麼敢把案子交給這樣的人。

當然，並不是所有資歷尙淺的人，都不能爲自己爭取好一點的待遇，但是你得在面試時，讓對方瞭解你的價値。如果你眞的難以啓齒，不如先暫時蟄伏，因

爲對一個社會新鮮人而言，經驗的重要性遠大於眼前的薪水，總有一天，老闆會瞭解你物超所値，在你的薪資上還你一個公道。

小心誤觸面試地雷

面試其實是個互相瞭解的過程，不只公司想瞭解你；你對公司也有一籮筐的問題。但儘管心中有所疑問，有些問題最好還是不要主動提問，免得不小心誤觸面試的地雷。

例如：公司的上下班時間正常嗎？一個月有幾天的休假？年假規定？有停車位嗎？這些與自己福利相關的問題，不是不應該問，而是不應該一直繞著這些問題問，面試時如果一直問這些問題，會讓人感覺你在乎的只是你的權益，而不是工作內容。

不過，貼心一點的主考官應該主動告知應徵者他們的權益。

通常我在面試新人時，會先向他介紹公司的福利及相關規定：包括上下班時間、年假天數、三節獎金等等，最後我會再問：「你還有什麼想知道的？」此時才是正確的提問時機，如果你對公司福利還有疑問，這時候就可以提出來。

有些人想瞭解公司的升遷制度，又不知提出來會不會不恰當。別擔心！因爲這表示你對這份工作很有企圖心，也表示你想在這家公司力求表現，不至於虎頭蛇尾，一下子就離職。

只不過詢問的方式宜多加留意，千萬別讓人以爲，你只想當發號施令的長官，不願做捲起袖子的工作。

面試的題目千百種，但有些問題總是不厭其煩地一再出現，想要順利找到工作，對於這些面試的必考題，準備得越充分，當然就越能勝券在握。

第六章
主導談話大局

01 臨場反應考驗主持功力

眼觀四面耳聽八方

多年前擔任台視法務人員時，我因爲不計較利益而認識許多節目製作人，意外跨入電視圈成爲主持人。沒想到，這個美麗的插曲，就這麼成爲進行曲，直到現在。

我主持的節目多半是談話性節目以及機智問答，都和說話脫離不了關係。當主持人雖然和律師一樣，都是靠說話吃飯，但是如何主持節目，如何主導談話大局，引導別人說話，其中還是有很多學問。

單人主持與雙人主持的說話技巧不盡相同，單人主持自己必須獨撐大局，雙人主持靠的則是搭檔的默契。

主持搭檔是一個團隊，大家都是搭橋往下走，要互相傾聽對方的談話，適時互相搭話，千萬不要搶話。當對方動你就靜；你動對方就靜，這才是搭配的最高指導原則。

主持節目會有很多突發狀況，在感性的談話性節目中，有些來賓會一哭不可收拾；在政論性節目中，有時會發生暴力失控的場面；有些來賓一開口說話，就說個不停，別人都沒有機會說，這種種狀況都要靠主持人的臨場反應，將現場狀況拿捏得恰如其分。

當主持人並不是想到什麼就可以說什麼，必須眼觀四面、耳聽八方。

如果這位來賓一直說不出什麼名堂，主持人就得趕緊將話題拋給其他來賓。
有時候來賓的回答偏離主題，主持人也得負責將話題導回正題。

導正話題的方法有很多，一種是把話題拉到別的來賓身上；另一種則是告訴他：「好，這也是一個層面，但是我想瞭解的是……」再次把主題明確地告訴他。千萬不可以直接挑明說來賓離題了，這樣會讓對方很沒有面子。

如果是人物專訪，一定要事先準備，熟讀受訪者的資料，才能深入引導他順暢談話。

專訪時，腦袋要分成兩塊，一邊聽對方談話；另一邊準備接下來要問的問題，一邊聽還要一邊抓問題。當然最好能在對方的回答中，不斷找到可以繼續導引的話題。

例如有一次我訪問一位傑出人士，談到他有成就以後，對他的父母有什麼感觸。爲了導引他說出感人的內容，我先拋出自己的故事，談到當年我考上律師的那一刻，如何興奮地告訴母親的那一段往事，說著說著我就看到他眼眶泛淚，然後開始娓娓道來，他當上某金融機構總經理時，是如何告慰亡父的……

但也要切忌拋磚引玉，你畢竟是磚不是玉，也就是說主持人只要當個藥引子，但千萬不要喧賓奪主，因爲來賓發言的內容才是重點。

掌控現場快狠準

在政論性節目中，主持人的任務通常不是丟議題，而是如何拉住來賓，或是適時將話題轉給另一位來賓。如何將話題切得剛剛好，在適當的時候打住，可能更重要。

政論性節目的來賓，各個都是談話高手，甚至是以說話起家。身為主持人，必須瞭解來賓的說話習性，而且一看到來賓的名單，從他們的政黨立場，就應該可以約略猜出，每位來賓針對怎樣的主題會談出怎樣的內容，這樣才能夠掌控節目現場。

對政論性節目來說，「快、狠、準」是首要原則，這一點和一般談話性節目不太一樣。

我曾經主持一個政論性節目，有一次，現場來賓之間因為對議題抱持不同看法，一位激動的來賓衝到另一位來賓面前，舉起手就要揍人。通常處理這種失控場面，我們的第一個動作就是趕快進廣告，而導播也會配合得非常好，一進廣告就將節目畫面拉掉，然後大家會立即上前解危。

以上是「快」的部分，至於「狠」指的是，不要優柔寡斷，該切就切。有些來賓只要一拿起麥克風，如果沒有人適時制止，他一個人就可以講一個鐘頭，講到節目都結束。

如何將電視機前觀眾想聽的問題，平均適當地讓所有來賓共同討論，也是主持人的責任。

當一位來賓滔滔不絕，而你又想把話題拋給另一位來賓，這也需要一點技巧，通常我會把來賓之前所講的內容，濃縮在二十個字以內。

有時在節目中，來賓會洋洋灑灑地講了很多自己的意見，第一點、第二點、第三點……這個時候，我不會再重複來賓所講過的內容，再重複就變成贅言，而且在這個時候，來賓很容易又把話搶回去。所以我可能會直接點出他的結論後，接著問另一位來賓：「那您認爲呢？」就這樣把麥克風交給下一位來賓。

經過這麼一轉，就算原來那位來賓想把話再搶回去，也得等人家說完一輪。屆時，話題一旦不再繞著他所說的話轉，也許他就不會再接下去搶話了。

如果來賓說：「這件事情我可以分成五個層面來講。」爲了掌控節目節奏，我可能會半開完笑的說：「你的五個層面說完，太陽都下山，同學都畢業了。你先告訴我，你對這件事情最重要的看法就好了。」這樣也可以濃縮來賓的談話長度。

或者是當他第一個層面已經講得差不多，但他還在叨叨絮絮無法結束時，你就可以接著說：「好，這是第一個層面，那第二個層面呢？」促使他迅速進入第二個部分，免得他第一個部分就說了二十分鐘，也可以避免一位來賓佔去大半時間，其他人都沒得說的情形。

在整個談話過程中，主持人必須仔細聽來賓所講的內容。知道他已經完整表達一些意見時，在最準確的時間點切話，這就是「準」。

其實一個人說話的氣息無法永遠持續不斷，你可以細聽對方說話的頻率節奏，在他準備換氣的時候，順勢將話接過來。如果你覺得他已經講得差不多了，就可以準備切斷他的話。一旦對方感覺到你準備要切他的話時，他也會主動做一個結尾。

02 今晚誰當家

一哭不可收拾

「今晚誰當家」節目通常是一次請好幾位來賓，主持人只要丟出一個問題之後，可以問不同來賓對同一件事的看法。每個人的經驗都不一樣，會擦出不同火花。

就以夫妻吵架的題目爲例，在藝人A家裡，夫妻吵架之後，永遠都是先生先向太太下跪，在藝人B家裡，卻是太太先向先生撒嬌，或是端水向先生道歉等等，產生的效果完全不同。這麼一來，一個題目可能就可以討論十分鐘了。

節目好看一定是因爲內容豐富精采，也就是來賓所說的內容精采。

有時候，當來賓談到令他非常感傷的話題，情緒非常激動，偶爾會發生一哭不可收拾的情況。通常這時候，鏡頭一定會停在這位來賓的臉上進行特寫，這也是收視的靈丹。我們當然希望收視率飆高，但前提是，藝人來賓的情緒反應必須是眞情流露。如果話題眞的觸碰到他的內心，就應該讓他暢所欲言，但如果他已經難過到無法言語，總不能讓他一直抽咽啜泣，那就變成在消費他的情感了。

如果來賓的情緒一時無法平復，這時候我就會將話題先轉移到其他來賓身上，讓他緩和一下情緒再繼續進行。

我也要保護來賓，總不能讓畫面一直停留在來賓哭泣的特寫，再配上主持人聊勝於無的安慰話語：「對啦，碰到這種情形，每個人可能都會這樣子……。」我想，來賓一定也不希望如此。

當他情緒平復以後，如果他願意繼續往下聊，我就會讓話題繼續下去。萬一再進行下去，對來賓沒有幫助，我不一定要照這個方式往下走，讓節目精采有很多方式吧！

當你眞心爲他人著想時，對方也會投以善意的回報。有些來賓會感受到我們保護他的態度，甚至因此更能敞開心胸，跟我們談及他在其它節目不願意觸碰的話題。

天兵媽媽 v.s.天兵爸爸

有些人個性比較靦腆，一開始不太習慣公開說太多自己的私密事，這時候我也會把自己當成來賓，和他們一起聊。

「今晚誰當家」有一集的主題是「天兵媽媽」。我在節目中問這些藝人媽媽：「曾經不小心把自己的孩子搞丟的請舉手。」

當她們舉手後，我立刻嚴厲斥責她們：「妳們這些媽媽眞是的，小孩交到妳手上都會這樣子！」講完後我自己立刻承認，我也曾經把小孩搞丟過。爲的是製造另一種反差的節目效果。

當我兒子年紀還小的時候，有一次，我帶他到宜蘭參加童玩節，裡頭有一個大水床的遊戲區。

由於大水床是由很多個小單位組合而成，水床非常軟，上頭不斷有水柱從天而降，大人和孩子們就在上面興奮地跳躍著。在水床上不容易站穩，一不小心就會摔倒，一旦摔倒，全身可能會完全陷入水床中。由於實在太軟了，又到處都是水，沒有個三、五分鐘，恐怕無法再度立足於水床之上。

當時我兒子在裡頭玩，我在遊戲區外頭看著他，我的眼睛盯著兒子，絲毫不敢大意。我兒子就和一群人在裡頭蹦蹦跳跳，跳著跳著，三、四下之後，我兒子跳下去之後，再也沒有彈上來，他竟然眼睜睜就在我的眼前消失了。

我簡直不敢相信，繞到另一邊看也沒有，到處找都找不到。這下子我心裡急了，只好到大會服務台請他們代爲協尋：「不好意思，我的小孩剛才在水床區玩，現在找不到人了，可不可以麻煩幫我找一下。」

「喔！你就是電視上那個謝律師對不對？」服務人員難掩認出名人的興奮感。

「現在我只是個著急的爸爸，不要再提我是誰了好嗎？我只是想找我的孩子。」我盡量耐著性子跟他說明。

工作人員叫我先不要著急，他會請一些服務人員馬上幫我找。

不久後，我和幾位工作人員一起回到水床遊戲區。距離我剛剛發現孩子不見，大約過了十分鐘。神奇的是，耶！我兒子竟然又在原先的位置附近再度出現了。我心想，我剛剛明明都找不到他啊！不可能。這一次，我的眼睛緊緊盯著他，一刻也不敢移開，一邊自己走進水床區，一手把他抓出來。

「你剛剛去哪裡了？」

「沒有啊！我一直在這裡玩啊！」

後來我自己研究，應該是角度的問題。

大水床是以四塊爲一個單位，水床是帆布材質，裡面充氣，外面灑水，但四塊之間有縫隙，由於小孩很小，因此跳著跳著，可能就掉進縫隙之間了，我一心急，看不見他，就以爲他走丟了，小孩子從軟趴趴的水床爬起來需要一些時間，但是我一看不到小孩，就馬上跑出去找人幫忙，等他好不容易爬起來時，我已經離開了。

是的，我也是個天兵爸爸。

講自己的糗事，來賓才有共鳴，比較願意開口講自己讓孩子走失的故事。主持人有時也得出賣自己和家人的故事，這也是身爲主持人的「職業道德」吧！

03 Live節目最刺激

腎上腺素激增

我最喜歡做現場Live的節目，原因在於現場節目的腎上腺刺激非常強。Live節目的突發狀況五花八門，有時候是現場來賓脫序演出；有時候是call in觀眾不按牌理出牌，說了些令人瞠目結舌的話；有時候是時間的倒數，令人捏了一把冷汗。

其實常來參加節目的來賓，主持人大概都知道他們的說話習性。

有些人一打開話匣子就停不了，因此如果節目時間快要結束前，千萬不能把說話的主導權交到來賓身上，心裡還天真的以為：只剩下三十秒，他應該快講完了吧？

這樣就大錯特錯了，來賓不會管你還剩下多少時間，這不是他的工作。他們只會從主持人的互動去判斷，如果主持人只是不斷「嗯哼」、「嗯哼」，順應著來賓的話，他就會解讀到一個訊息：「他要我繼續說。」這樣他就會說個沒完。

在我的主持經驗中，能夠把時間掐得最準，又能把節目做到最高潮的，是在「超級大富翁」。

當我看了手中題目的難易，再看看來賓回答前幾題的情形，大概就可以猜測到他還能過關幾題。如果距離節目結束的時間只剩下三分鐘，我就會依照當時的情形，決定要用很快的方式，還是慢慢地拖時間；如果我看了題目覺得這位來賓可以延續到下一集，而且夠精彩，我就會把節目的節奏放慢；如果我覺得來賓撐不滿三分鐘，我就會把節奏加快。

當你唸題目的速度變快，來賓答題的速度自然也會跟著加快，明明有四十秒的時間可以考慮，但是他受到主持人的影響，節奏也會跟著變快，可能在十秒以內就答題了。

如果主持人把節奏放慢，對方就會覺得眞的有四十秒鐘可以慢慢考慮，我就用這種方式來控制節目時間的長短。

例如有一次的題目是：「請問『商殃變法』中的商殃，他的本姓是什麼：一、秦；二、魏；三、林；四、吳，請作答。」

如果來賓回答：「商殃姓吳。」等到他確定且不能再更改後，我想拖延時間就會問他：「你爲什麼會覺得他姓吳呢？」這樣又可以聊個十到十五秒。最後我才宣布答案：「很抱歉！商殃他不姓吳。謝謝！」

有時候導播透過耳機告訴我，距離節目結束只剩下一分鐘。如果我判斷時間還夠玩一次「機會命運」遊戲，就會安排再玩一次。遊戲如果能夠掌控在三十秒以內結束，節目會非常緊湊好看。

「我們還可以再玩一次『機會命運』，累積獎金已經達到十二萬元，究竟誰能夠抱走獎金呢？」我在鏡頭前依舊不疾不徐，但導播已經急得如熱鍋上的螞蟻。

「導播給我電話。」

這時候，導播就會給我一個電話號碼，並在耳機中告訴我：「拜託，只剩二十秒了！」

「OK！最後十五秒。」我在電話中簡單問候線上觀眾之後，我會說：「這位觀眾請告訴我，商鞅姓什麼？」

「姓魏。」

「沒錯！商鞅他本姓魏，叫魏鞅，恭喜你！我們下個禮拜同一時間見。」時間掐得剛剛好，導播也快嚇出一身冷汗了。

尤其是現場call out時，主持人既看不見觀眾，也不知道觀眾的實力，挑戰性更高。如果在這個節骨眼，觀眾還在慢慢思考，我就會把音調提高，聲音變得急促：「只剩五秒，給我一個答案！給我一個答案！」透過這種具有壓迫性的聲調和語彙，通常對方就算還想不出答案，也會隨便迸出個答案給你。

在節目的最高潮結束，那樣最緊湊，節目也最好看，但對主持人的功力也是一大考驗，除了必須熟練整個節目的流程，還要有精準的判斷力，包括對參加來賓和題目的瞭解，以及對時間掌握的火候。

還好，我在主持「超級大富翁」期間，從來沒有判斷錯誤，讓節目出錯過。

call in 狀況多

不止call out的不確定性高，call in的狀況更是不遑多讓。

有一次節目中，一位觀眾打電話進來表達意見，他對當時的執政者多所不滿，而那些執政團隊也曾經擔任過律師。

於是那位觀眾便說道：「你看，這些人現在把國家弄成這樣，所以我就跟你們講，怎麼能夠選律師呢？」

此話一出，他才驚覺我也是律師，於是馬上補充：「啊！歹勢！謝律師，阮毋是講你。你毋是啦！」

我回答說：「沒關係！盍各言爾志。每位觀眾的看法，都代表部分民眾的心聲。」

特別是到了選舉白熱化時，經常有人一打電話進來，就開始破口大罵，或是「問候」別人的家人。

當不雅的字眼一出現，現場就要很機警地把電話切掉，避免被觀眾聽到不雅的字眼。

我記得有一次，一位老先生想call in算命節目，不知怎麼地，電話卻打到我們節目來。

「喔！恁這是算命ㄟ節目喔……」操著台語口音的老先生正準備提出他的命運問題。

通常這個時候也可以直接把電話切掉，但是我就順著他的話接著說：「丟啦！嗯過，阮毋是算阮尬己ㄟ命，阮遮是請一些來賓爲整個台灣算命啦！看囝台灣未來的命運如何。謝謝喔！」

電話掛掉後，節目繼續進行。「來，我們接聽下一通電話……。」

第七章

你也可以是心理諮商師

01 你倒楣，我比你更倒楣

我的失敗就是別人的快樂

很多人會隱藏自己的倒楣事，只說自己多好多棒，甚至加油添醋，樂透中四千說成四萬，讓人覺得你運氣眞好，反觀自己怎麼這麼慘。但這樣的說法，只會讓身旁的人覺得自己更倒楣、更不幸而已。

衰運其實沒什麼好隱諱的，而且說自己的倒楣事，如果會讓身旁的人開心一點，有什麼不好？

我經常在「今晚誰當家」節目中說：「看完今天藝人夫婦的相處之道，你一定覺得你的另一半眞是超級完美，哈！」透過藝人朋友的悲慘故事激勵觀眾朋友，原來還有很多人比你更悲慘。

我們習慣對別人講自己好的部分，但就人緣來說，越講自己不好的部分，人緣越好。

人性如此，總是希望自己比別人好一點。所以有人說，漂亮的女生在同性當中，人緣通常都不會太好，因爲大部分女生都會覺得，我跟妳在一起，所有男孩子都看妳，我幹嘛跟妳在一起。

同樣的邏輯，如果你的命很好，別人跟你在一起，只能羨慕你的好運跟好命，別人怎麼會想跟你在一起。

偏偏有些人喜歡跟人比較，聊天過程中，總喜歡炫耀自己有多棒，你有多遜。

如果有人說：「我最近剛買一支新手機……」

他便立刻回應：「我告訴你，我的iPhone才又新又好用……」

這樣的對話並不會讓人覺得你很厲害，只會讓人討厭而已。

聰明的人會聽出別人話中所隱含的寓意。例如他說他的手機好炫，意思是希望你欣賞他的手機。你不需要告訴他，你的手機更好。

如果朋友說：「我這次去日本好慘。」當他講這種話時，就是希望你能附和他的感受。

「是喔！他們怎麼這樣。」這種說法會讓對方感覺你和他是同一國的。千萬別說：「喔！怎麼運氣這麼背，以後千萬不要跟你一起出國，免得帶塞。」這樣你的朋友一定會越來越少。

最高明的安慰方法就是，當對方告訴你，他最近很慘時，你就跟他說：「這不算什麼，我上次比你更慘……」讓人覺得跟你聊天很舒服，你眞會安慰人，這樣自己也有沒什麼損失。

猶太人哲學

有些朋友因爲在股票市場賠錢而心情不佳。當股票上漲時，他們很高興，我卻說：「股票上漲關我什麼事，因爲我的股票還是跌啊！這樣你們有沒有比較高興。」聽到這番話的人，會因此覺得自己格外幸運。那就達到我的目的了。

有時候，同事因爲買樂透沒中獎而抱怨。

「眞的嗎？你們以後只要我買的號碼都不要下注，就一定會中。因爲我買了四十注總共兩千元，結果只中四個號碼。」聽到有人損龜，而且賠得比他們還要多，同事們都覺得自己是不幸中的大幸，也因此覺得好過多了。

這其實是猶太人的理論。我曾經看過一本書裡寫過一段故事：話說有一個經商的猶太人，臨終前把孩子通通找來，他要告訴孩子一些生活和人生的哲學。

「如果你們經商賺大錢，家裡的蠟燭要點很多還是很少？」

「當然是點很多啊！」就像股票賺錢一樣，當然值得好好慶祝一番。孩子這樣的回答並不令人意外。

「如果賠錢呢？」

「賠錢當然要節衣縮食，蠟燭少點一些。」

「錯！」父親告訴他們，如果家裡賺大錢，蠟燭點越少越好。首先，人家不知道你賺大錢，就不會來偷你的錢。其次，這樣會讓左鄰右舍好過一點。當他們看到你的蠟燭點很少，就會猜想你大概是賠錢，原來不是只有他們家賠錢。這樣會讓他們好過一些，你開心他也開心。

如果賠錢，蠟燭點多一點，可以讓自己開心一點。

當鄰居看到你點很多蠟燭，以爲你賺大錢，心裡頗不是滋味。你賠錢了，自己不舒服，但也沒讓鄰居好過到哪裡。

我的人生哲學主要是取前面那一段。

你自己開心，何必讓旁邊的人難過呢？大家都開心，有什麼不好。

正面表列法

幾年前，汐止曾經因爲颱風淹水而成爲新聞頭條，但這幾年汐止經過整治，已經不再聽到有關汐止淹水的新聞了。

但一提到汐止，很多人還是會說：「汐止『現在』都不會淹水了吧！」

「『淹水！』千萬別再提到『淹水』這兩個字。」很多在汐止有房子的人，心裡一定都是這樣想。「現在」不淹水，這句話隱含的意思就是：以前淹過水。

因爲淹水代表噩夢；代表家具可能泡湯；代表房價可能下跌……

其實，我們可以不必說負面字眼，改以正面表列法，直接說正面的話就可以了。

「汐止，喔！汐止環境很好，有山有水很適合居家。而且最近聽說要蓋捷運，你們的房價都上漲了吧！」

這樣別人聽起來，不是舒服多了。

02 失戀、失業、失意

我的朋友是憂鬱症

現代人生活壓力大，很多人身邊開始出現憂鬱症患者的朋友，有時是因爲感情因素，有時是因爲工作或是經濟因素，情緒壓力無法獲得有效的抒解，長期累積下來，一直陷在低落的情緒之中，就罹患了憂鬱症。

有些憂鬱症患者很喜歡找人講電話，而且一講就講很久。身爲朋友想安慰他，又不知該怎麼說。但經常接到這種電話，有時不免覺得不耐煩，眞想掛上電話，又怕一掛上電話，他眞的自殺該怎麼辦？

這種情況還是應該多聽他說，然後勸他去看醫生，尋求專業的醫生協助。但

是該如何勸他去看醫生，又不會傷到他的自尊心，就需要多費一點心思了。

建議可以和他說：「我最近時常情緒不穩，我懷疑自己有憂鬱症，你陪我去看醫生好不好？」藉此說親友知道，生病去看醫生是正常的事情，看心理或精神科醫生並沒有想像中的可怕。

如果你身邊有憂鬱症的親友不斷打電話給你，你可以用比較委婉的方式建議他去就醫，然後再將這些問題請教醫生，因爲這牽涉到比較嚴謹的生命課題。

這時候千萬不要拒絕他，此刻他最希望的就是有人陪，你只是在你的生命中，多撥出一些時間聽人說話，但是對他而言，這卻可能是他這一輩子最重要的生命時刻，想自殺的人，也許你多聽他說說話，就可以救他一命，爲什麼要吝於把這段時間拿出來分享？

走過熱戀傷痕

當我知道朋友是「失戀陣線聯盟」的一員，如果我剛好到附近辦事，一定會盡量抽空去探望他。有時抱抱他、拍拍他的肩，就可以讓人感受到溫暖，讓他知道你關心他，就夠了，這時候無聲勝有聲。即使要安慰對方，也一定要在第一時間內，如果你在事情過了很久才得知這個消息，那就當作不知道。也許他已經度過那個悲傷期，卻因爲你的執意安慰，反而又勾起他的傷痛。

我通常會先打電話致意，問他還好嗎？

有沒有需要幫忙的地方？

最後再加上這句：「**任何時候，如果想找人說說話，就打電話給我。**」讓他知道他並不孤獨，他的感覺會完全不同。如果身邊能夠多幾個對他講這種話的人，他會覺得自己到處都是朋友，覺得這個世界並沒有遺棄他。

如果你的朋友面臨分手，別爲了安慰朋友而跟著一起罵對方。他的難過不會因此結束；心情也不會因此變好，萬一他們日後又和好，當初把一方痛罵一番的你，不就尷尬了。

過多的安慰不見得是好事，像是「我早就覺得你們兩個會分手。」這種話只會讓人更懊惱自己不但遇人不淑，而且沒有識人之明。

其實，眞的不必強說些什麼安慰話語，過多膚淺勵志型的安慰話語，有時只會徒增他人的挫敗感而已。第一時間知道消息後，只要打個電話關心對方，靜靜陪同就好，讓他抒發心裡的感受，就算兩人都不知道該說些什麼，就讓時鐘停擺，時間自會治療一切的傷口。

當工廠沒有訂單時

戀愛的傷口需要時間療癒；訂單的缺口有時候也需要時間來填補。

前一陣子全球金融海嘯期間，某個禮拜五，我和一些朋友去打球，他們都是非常高階的主管或是老闆。

其中一位老闆說：「其實我今天本來不應該跟你們打球的。照理來說，除了假日之外，每個禮拜，我應該只有一天有空可以跟你們打球。但是這個禮拜，我已經足足打了五天的球了。」

這意味著，他們工廠的生產線，那一週幾乎都停擺，沒事可做了。

我忙安慰他：「你想想看，你工作這麼久了，有什麼時候可以像現在這樣，連續五天都和這些朋友一起打球。你再往後看，到了明年景氣復甦，你也不會再有這種閒情了，因爲你又得回去忙了。不如好好把握這樣的時間，跟大家聚聚，順便聊一聊未來的發展，這樣對未來也是有幫助的。你就當成我們是在職進修，這樣不是比較好過。」

我不想讓他覺得今天出來是浪費時間，無所事事。其實我們工作的時間很長，每個人都可以休息一下，就當成是老天爺放你的長假吧！

這時候他希望你跟他是同一國的，因此絕對不能說：「眞的喔！我的事務所好忙喔！我今天能抽空出來跟你們打球，已經很不容易了，等一下還要趕回去開會。」如果你了解猶太人的蠟燭理論，就會明白爲什麼了。

中年失業被裁員

中年失業或被迫轉業的人，心情通常都非常忐忑，碰到經濟不景氣被裁員的朋友，應該讓他把壓力釋放，不要讓他感到茫然失意，一副沒有明天的樣子。

我會告訴他們：「你們不要這樣想，你們知道嗎？大學教授教書七年，就可以有一年的時間休息。你工作快二十年了，有沒有一、兩年的時間可以休息？沒有。你就把這段時間當成是休息，順便思考一下未來的人生方向該怎麼走。也許是另外一個轉換的時機。」

有些人一聽到大學教授教書七年可以休息一年，突然覺得已經工作超過二十年的他們，辛苦了那麼多年，應該要休息個三年才對，當下立刻沖淡了沒有工作的無奈感。

錦上添花不用多，雪中送炭一定要。

當我有朋友中年失業，我經常會想起他們，想關心他們的近況。但如果朋友結婚，到底生孩子了沒，我就不太會主動關心。如果生了，他自然會通知我，但沒有工作的人，通常不好意思主動跟朋友聯絡。因此如果發現適合朋友的工作機會，我會趕快記下來，然後打電話告訴他這項訊息。

人處在低潮時通常比較敏感，心靈很容易受傷，說者無心聽者有意，因此用字遣詞要特別精準小心，盡量不要問人：「找到工作了沒？」只要問他：「最近還好嗎？」最好能夠在不露痕跡的前提之下，盡自己的能力，幫朋友度過眼前這個難關。

有些朋友經常覺得我未免太小心了！

但我認爲，寧可事前小心，也好過得罪人，事後還要花心思去修補關係。更何況有時候我們無心得罪人，自己還不知道呢！

第八章

甜言蜜語話情人

01 紅男綠女訴情衷

談情說愛從小開始

直到現在，我還是經常會用撒嬌的口吻問我的孩子：「你有沒有很愛我？」

當年還在念小學的女兒，面對爸爸的考古題，通常會報以熱烈的答案：「有，我也好愛把拔。」

「眞的很愛？」我再一次確認。

女兒點點頭。

「眞的很愛？好，親爸爸一下。」

或是聊天聊沒兩句，我就把臉湊過去：「親把拔一下。」

對於那時已經是高中生的兒子，他的反應就比較酷：「呵！你瘋了！」或是「喔！不要煩了啦！」被我煩久了，他就會靦腆地說：「好啦！有有有，很愛很愛很愛。」

家庭中，最好從小就讓孩子們習慣這樣的親密互動。當他們在家裡習慣這種愛的語言，將來不管交異性朋友，或是找到人生的伴侶時，自然也很習於表達心中的情愛。

直到現在，年近七十的藝人馬如龍和他的太太沛小嵐兩個人，一天到晚還是「我愛你」、「你愛我」不離口，即使上電視節目也一樣，對他們的孩子也是如此。

前不久有一則報導，一所學校要求學生回去跟爸爸媽媽表達自己對父母的愛。當孩子們回家跟爸媽說：「我很想你。」結果竟然有八成的父母親，聽到孩子突然這麼說，第一時間的反應都是：「你怎麼了？」

這樣的結果令人感到訝異，尤其如果跟你講這些話的是國小的孩子，父母的反應更不該是這樣，應該很習慣孩子們的親密言語才對。顯然我們的社會對於表達情感應該再開放一些。

愛情沒有輸贏

我的國中同學崔佩儀，她的英文實在不怎麼樣，偏偏她的先生Sam以前也不懂得中文。兩人一旦陷入情網，什麼語言都不是問題，比手劃腳或是腔調語氣，都可以派上用場。他們兩人愛的語言，既非中文也非英文，有時候一個眼神、一個動作，或是以眞實行動，都可以表達自己的愛意。

不可諱言，在追求異性的過程中，擁有好口才的確佔有不少優勢。但是好口才絕不是花言巧語，就像Sam雖然沒有好口才，但透過適切的言語表達，仍能讓對方瞭解他的心意。

窈窕淑女君子好逑。想約女孩子，如果方法太直接，就要有失敗的心理準備，例如：問對方要不要一起去看電影，一聽就知道你想追她。

如果女生回答不太方便，很明顯是在拒絕你，臉皮薄的人可能就此打退堂鼓。

如果你也是屬於臉皮薄的那種人，怕碰釘子就不要用太直接的問法，有些話不好意思當面說，可以善用現代科技的便利，以通訊軟體或簡訊邀約對方，即使被拒絕，也比較不會不好意思。

另外，也可以假裝不經意，用開玩笑的方式測試對方的反應，例如對她說：「不然我們打賭，如果我輸了，我請妳看電影；妳輸了，妳請我看電影。」無論結果如何，其實都是你贏，因爲你的目的只想和她一起看電影，管她打賭誰輸誰贏。

約會說話停看聽

男女朋友約會時，爲了避免冷場，通常會拚命找話題。

聊天應該是有來有往，但有些男生爲了怕冷場，自己拚命找話講，讓女孩子一點都沒有插話的餘地，只好無趣地玩起自己的指甲。

眞正的聊天應該是自己先拋出一個話題，然後先暫停一下，如果對方有興趣，自然就會搭話了，不是自己一個勁兒的說個不停。

話題可以選擇最近發生的時事，透過談論最近的熱門話題，可以逐漸瞭解對方的想法，增加彼此的認識。政治話題不是不能談，但不要談得太過深入。有些女生不喜歡聊政治話題，這是一般性的看法，但仍得視你想追求的對象而定。

有些女孩子非但不排斥，如果你跟她聊政治或時事議題，他甚至還會覺得你很有深度。但是對於自己的政黨立場，可以視情況委婉表達，不要太過堅持，否則反而可能會適得其反。

當然你也可以開開自己的玩笑，或是聊自己的工作，聊自己擅長的領域。我工作的行業雖然有很多不能說的祕密，但是很多人又對法律事件很感興趣，只要你談的不是非常枯燥的法律名詞條文，如果講的是故事，大家都會聚精會神聽你說，但是要記得不涉及當事人。

例如，有一陣子政府進行司法改革，法官收賄的話題相當熱門，我和朋友們聊到以前曾經辦過一個案子：「你們一定不相信，在二十一世紀的台灣，竟然還會發生這樣的事情。有一個人遭到警方偵訊，開庭一審完，到了二審時，法官看到偵訊時所做的筆錄，很懷疑當事人眞的這樣講嗎？結果法官回頭調閱錄影帶才發現，這些筆錄的內容，從頭到尾都不是當事人所言。因爲他在偵訊的過程中，臨時去上廁所，兩名偵訊員趁勢製作假筆錄。偵訊員甲指使乙該如何杜撰……結果乙也眞的依照甲所說的寫下來。這就是法官所看到的筆錄內容。這是我在法庭上親眼見到的事實，難怪司法必須改革……」

盡量談自己擅長，而對方也有興趣的話題。也許你工作的領域很專業，但要將之生活化，轉化成生活語言，例如在高科技產業工作，可以不必談研發的專有名詞，或是WiMAX（全球互通微波存取）等生硬的技術性內容，但可以提及，以後會有一款很厲害的手機，它可以……將你的專業轉化成與生活有關的話題；學生化科技的人可以說：「我們最近在研究一種東西，喝了以後可以健康減重，而且可以正常飲食……」我想，應該有不少人都會對這個話題感到興趣，但如果你說：「我們研究室最近在研究一種東西，它的成分是H_2O……」一聽到這樣的內容，相信大部分人都會想轉移話題。

有些男孩子在尋找與女生聊天的話題時，以爲女生喜歡名牌，跟她聊名牌，她一定會喜歡，這時候可得小心陷入名牌的陷阱。因爲男生聊名牌，有些女生反而會覺得你很膚淺，除非你聊的是關於汽車或是手錶等比較陽剛的產品。只談衣服、包包，又只討論價格，聊不到深入的內容，女生通常不會喜歡這樣的異性。

而男性對女性的讚美，最好不要太聚焦在女生服裝的細節上。你可以誇獎她穿得漂亮，但不要針對材質等細節加以評論，例如：「妳這件衣服的材質，看起來很涼快、很透氣。」這樣容易給人不正經、不舒服的感覺。

如果是初次見面，最好也不要明白說出：「妳長得很漂亮喔！」這類的話語。因爲誇獎女生漂亮之前，理論上應該是經過全身上下打量一番，這樣也容易讓初次認識的女生，覺得你有點輕佻、不夠穩重。

總之，**約會聊天最好停看聽，談話之間記得先暫停，讓對方參與話題，這樣才能了解追求的對象，知道他／她的個性與興趣。和女生約會時，眼睛看的焦點集中在對方的眼睛，不要隨意亂打量，同時記得傾聽對方，不要只顧著自己滔滔不絕，這樣才能安全通過男女交往的平交道。**

02 老夫老妻話溝通

察言觀色少閒話

有些先生工作了一整天，回到家中對太太抱怨公司的是是非非，妻子非但沒有安慰先生，反而數落他一頓：「我覺得你自己也有不對，你應該……」就算先生眞的有不對的地方，最好還是先聽他訴苦，稍後等他心情平靜下來，再好好跟他說，而不是在他心情已經很低落的時候，還對他落井下石一番。

夫妻之間基於關心，可以談論對方的工作，但不需要從專業的事業經營角度談論，它只是經營夫妻情感、分享彼此生活的一個話題而已。

我也不認爲另一半眞的能夠提供什麼天縱英明的建議，因爲你畢竟不是那一行的專業，提供的意見不見得實用，不必用太嚴苛的角度去看待這些事情。

不過，提供意見的一方也要注意，要尊重對方的事業，不要提供太多莫名奇妙的建議，太多意見容易成爲衝突的導火線。你應該提供對方的是關心他／她的心情，而不是給予過多事業上「非專業」的意見。

當夫妻之中有一方遇到事業低潮或不幸被裁員，身爲另一半的人，在此時不要過多責備。只要是有責任感的人，一定不會想天天賦閒在家，心裡一定也會著急。

儘管說者無心，但聽者有意，過多關心的言語，有時反而會傷害對方。

如果對方很努力在找工作，返家後沒有很興奮地跟你說，心細一點就應該知道結果，何必再問：「今天工作找得怎麼樣？」如果找到工作，對方一定會像獻寶一樣大聲宣告了，不必等你問。身爲另一半應該學會察言觀色，因爲答案就寫在臉上，不需要言語。

如果夫妻共同經營事業，必須共同討論，但角色扮演仍得有主有輔。不一定非要以先生爲主、太太爲輔，應該視誰才是這方面的專業。

如果是以太太爲主，一定要懂得做面子給先生，以免先生承受過多外界的壓力，否則就像合夥生意一樣，遲早拆夥，而且不只生意拆夥，就連婚姻也一塊兒賠進去了。

重新找回戀愛的感覺

夫妻不僅是生活上的伴侶，更是靈魂的知己。從iPhone到市場最近的菜價；從勞動市場的失業率到高更的畫作，無論是工作、興趣，或是生活，配偶應該都是最佳的聽眾。

隨著一起柴米油鹽醬醋茶的日子越來越久，有些伴侶不再是另一半的頭號粉絲，對方所說的話，也不再引起他的興趣，甚至還會潑冷水。

有些時候，男人並不想卸下自尊，暴露自己內心的弱點。

我認爲，夫妻之間對彼此的工作應該互相關心，當一方想跟你聊工作時，另一方一定要傾聽，而且不要潑冷水，就算要給「良心」的建議，最好也要過了當下，因爲對方正在興頭上，你只要負責聽就好了，有機會再提出你的意見。

當另一半想瞭解你的工作，可以簡單說明一下，不要拒絕。

萬一另一半不是你工作領域的專業，又想幫你出主意，剛好他／她所說的和你計畫的一樣，不妨賣個面子，謝謝另一半提供的意見，功勞算在他／她身上，讓他有點成就感。如果另一半的建議不是你想要的，那就讓他／她發表一下意見即可。

一般夫妻，結婚時間越長，說話時間越短；白頭髮越濃，戀愛的感覺越淡。當彼此不再甜言蜜語，當心婚姻危機已經籠罩著你。

男人要面子，女人要銀子

一般說來，夫妻間最常爭吵的問題，除了孩子的教養，就是金錢的消費觀。現在雖說是兩性平權的時代，但男人有時還是挺要面子。

有一對男女朋友，女生非常貼心，在外交際應酬，如果男生沒錢，女生就會默默去買單，還會偷偷塞錢給男生，然後對外說是男方買單。事隔多年，即便他們已經分手，但是男方對這位女生的貼心舉動，還是非常懷念。

如果女方當時是當著大家的面，掏出自己的信用卡，等於讓男生面子掃地，回去可能會大吵一架。夫妻相處如果能夠多一點尊重，多顧及另一半的面子，定能避免不少無謂的紛爭。

有人說：「男人有錢就容易作怪。」因此有些太太將先生的錢看管得更緊，以免橫生枝節。

站在男人的角度，當我們聽到有些老婆每天固定給老公多少零用錢，不禁對這個男人感到同情。感覺上自己成了賺錢的工具，家人對他一點感激之情都沒有，而自己最後反而要伸手向太太領生活費。

每個人都有他必須面對的社交場合，以及自主的空間，如果連這一點生活的自主性都沒有，眞的會讓男人抬不起頭。

從另一個角度來說，如果把錢管得太緊，就別奢望在結婚紀念日或是兩人的重要節日會有意外驚喜，因爲你的另一半不會有閒錢買禮物送給你。

一般家庭通常都有家庭支出的專用帳戶，不管是由老公或老婆掌管，但夫妻雙方應該都有一些自由運用的額度，在自己可支配的額度內，另一半其實不需要管得太緊，否則容易讓人喘不過氣來。這往往是夫妻吵架的導火線，累積久了大爆發，後果恐怕不堪設想。

前一陣子有一則新聞，一名男子月入二十萬元，但太太每個月只給他三千元的零用錢，此事涉及男性的面子和尊嚴問題，後來男方訴請離婚也成功了。

我有一對夫妻朋友，先生每個月將家庭開銷所需的花費交給太太，其餘部分就自己管，太太也不知道先生究竟有多少錢，但兩人就這樣十幾年來都相安無事。

其實，**夫妻之間的金錢觀念必須好好溝通，彼此都應該有一些自由運用的空間。不管是哪一方負責管錢，原則應該是小錢不管，金額比較龐大的費用，就得經過雙方理性討論審慎思量，才不會讓夫妻關係受到金錢的戕害。**

第九章

哄小的，逗老的

01 寶貝學說話

當心你的措辭

我們經常會意外發現，「屁啦」、「豬頭」這類的粗俗用語，意外出現在一個兩歲小孩的口中。原因無他，通常都是因家人經常在小孩面前不經意說出這些話，小孩子耳濡目染之下，自然而然就學會了。

不只學會大人的話語，有些孩子也許連大人的行爲，都悄悄輸入他小小的腦袋瓜裡。

所有和小孩對話的內容，都應該特別注意措辭有沒有不妥之處，而不是單純只關注在你想要表達的面向。

我經常在演講中講到一個例子。

兒時去偷拔別人家的芭樂，偷挖別人的地瓜，是一件回味無窮的兒時趣事。甚至很多電影在演出我們童年的那個年代，都是以趣味的角度來呈現這些事情。

但嚴格說起來，不管是拔芭樂或是挖地瓜都算是偷竊。儘管現在的生活環境不同，小朋友已經不是生活在這樣的成長環境，但是在便利商店裡，還是有販售地瓜籤、芭樂乾，過去我們偷挖地瓜和孩子現在在便利商店偷拿一包地瓜籤，有什麼不同？

你偷拔芭樂，和他在便利商店偷拿芭樂乾，有什麼不一樣？

我後來才警覺，在講述兒時歡樂回憶時，必須注意孩子的解讀是不同的。當你口沫橫飛地講述這些趣事時，小心造成反效果，孩子所接收到的，不僅僅是你的兒時歡樂，可能還包括你的不當行爲和言詞。

教孩子不說謊

我們常常教孩子不能說謊，但大人卻經常不經意地說出謊言。在孩子們幼小的人格教育養成之前，我們必須嚴格把關，就連善意的謊言，最好也盡量避免。雖然有人說，個性太耿直以後早晚會吃虧。但我覺得那可以等以後長大，在生活經驗中再慢慢調整。

一棵樹在成長的過程中，應該要先讓它長直，而不是讓它一開始就長得彎彎曲曲，以後想再扶直恐怕就很難了。

就像有些小孩在剛學習走路時，由於重心不穩，免不了會摔跤。這時候有些父母會拍打地板指著它說：「它壞壞，害你跌倒。」

如果我看到朋友這樣教育孩子，我就會提醒他：「你是在教你的孩子，自己的失敗都是別人的錯，以後擋他的路的人都該死嗎？」說不通嘛！應該教導他要如何才能走穩，而不是摔跤就怪東怪西。

有些媽媽買了一些好吃的東西，偷偷告訴孩子：「媽媽買了兩顆大水梨，因爲不夠，我們等阿公阿嬤睡覺了再切來吃。」看似疼愛孩子，其實是在教孩子，好東西要藏起來自己偷偷吃，不要讓長輩發現。

等孩子長大，他就會趁你睡覺以後，再把他買回來的東西拿出來吃，不給你吃。這時候你也怨不得別人，因爲這一招是你親自傳授給他的。

我相信不少父母在教導孩子時，或多或少都曾經因爲措辭不當，在潛移默化中，導引小孩錯誤的學習方向。

教育孩子茲事體大，在孩子面前說話，實在應該小心爲是！

02 說話訓練班

我是一隻大公雞

有些父母希望自己的孩子從小練就一副好口才，現在坊間也有不少說話訓練課程。不過，我自己小時候沒有參加過任何說話訓練班，而且第一次參加演講比賽的經驗也很挫敗。

小學三年級時，我莫名其妙被推派去比賽，講題是：「我是一隻大公雞。」意思是，你可以當一隻早起啼叫的公雞，叫大家起床，對大家很有貢獻。當時看到這個題目，實在不知要如何表達，自然也沒有得到很好的成績，所幸並沒有留下任何面對公眾談話的陰影。

到了國中一年級，我又開始參加演講比賽，一位老師帶我到處南征北討。剛開始，我參加的多半是一般的演講比賽，到了後期，我開始參加「即席演講比賽」。主辦單位在演講比賽前，事先宣佈題目，演講者必須在前三十分鐘內準備好講稿，然後上台演講。

在這三十分鐘之內，老師會先幫我草擬演講大綱，聽完老師所講的之後，我必須自己掌握每一段各要講述哪些內容，然後經過短暫的演練就必須上場了。

最初級的演講技巧是靠死背稿子，只求順利講完，不要吃螺絲就好。第二級則是背了稿子後，再加上抑揚頓挫的表情，聲色俱佳地表現出來。最上級就是把演講內容全部融會貫通之後，用自己的方式，非常行雲流水地表現出來。

演講比賽必須事先準備資料，或是在短時間之內消化題目，經過老師一路調教，也奠定我日後面對說話，能夠快速反應和不怯場的基礎。

多閱讀歷史故事

關於說話技巧，我認爲先天的影響不大，大約佔不到百分之二十，關鍵在於口齒清不清晰、腦筋思維清不清楚，但是要言之有物，一定是後天閱讀的影響。談話時，內容的豐富性絕對是聊天能否持續下去的重要關鍵。

如果沒有閱讀的基礎，一定會面臨辭窮或是來源枯竭。多閱讀會讓你言之有物，當你談論的是你看過的東西，就會比較敢開口。

父母親可以讓孩子多閱讀歷史故事，一般孩子都會對歷史故事感到興趣，而且看過以後，在很多場合都可以派上用場。

當他們對歷史故事有興趣，就比較敢開口說故事，久而久之，孩子講出來的東西，會讓他們的氣質和同儕完全不同。不過當然也不能一直吊書袋，過與不及都不好。

哄小孩睡覺，一般父母親都是哼唱催眠曲，但我卻是講歷史故事，只要有穩定的音波，孩子都很容易入睡。我的一雙兒女從他們還聽不懂話，被抱在懷裡時，我就開始跟他們講歷史故事，這是我的興趣。

我從「盤古開天」開始說起，按照編年史，正史和稗官野史穿插著講，就這麼一直講下去。當我的孩子不到一歲，我就講完到民國的所有歷史了。

雖然不知孩子究竟有沒有眞的聽進去，但至少我自己講得很開心，而且在孩子的成長過程中，他對歷史也會特別感興趣。

有一次，電影台播出劉德華主演的電影《三國之見龍卸甲》。當時我兒子看這部電影的角度，不是從演員、服裝，或是道具，而是從《三國演義》的觀點。他第一個跟我討論的問題是：「趙子龍（趙雲）不應該是那樣死的啊？而且鳳鳴山那一役，趙子龍怎麼會死了呢？」

我回答他：「對啊！根據《三國演義》來看，趙子龍在鳳鳴山那一役的確有受困，但是張苞和關興有前來解圍，這是在諸葛亮的算計當中的。而且在五虎將中，趙雲算是善終的。根據《三國演義》的說法，趙雲之死，是諸葛亮夜觀星象，看到有一星墜於地，心裡暗覺不妙：『完了，趙雲不保。』過了沒多久，趙雲的兒子就前來稟報，他父親已經病逝。」

同樣是看電影，我兒子的看法與同儕不同。受到閱讀歷史故事的影響，講到典故，他的瞭解比同學多，在與人對談的過程中，就有比別人多的話題可以聊。

03 管教孩子有原則

責罵與鼓勵

東方人對親情的表達多半比較含蓄。不過我對孩子的情感表達倒是持比較開放的態度。當孩子的表現很好時，我認為再怎麼讚美都不過分。**當我的孩子做對一件事情時，我會一直抱著他們猛親，直誇「太棒了」、「愛死你了」**。讓孩子知道那些行為是值得鼓勵的，也讓他們知道父母是愛他們的。

表達父母對孩子的愛，此時正是最好時機，千萬不要吝嗇。

除了言語的鼓勵之外，肢體動作也很重要。小孩子的感覺很敏銳，他會從你和他的肢體互動中，找到愛的語言。直到現在，當我兒子看書時，我還會偷偷跑到他身後，在他後腦杓親一下，然後假裝不經意地說：「沒事沒事。」

如果孩子時時都那麼惹人疼愛，那眞是天上掉下來的禮物。只可惜孩子有時會因爲害怕而說謊，處處考驗著父母的智慧。

我曾經聽我朋友說，他女兒三歲半時，話很多又愛到處亂拿東西。

有一次，她媽媽叫她幫忙拿三秒膠，等東西一拿到媽媽手上，立刻發現三秒膠的底部黑黑的，想必一定是小女孩拿麥克筆亂塗。

「是不是妳拿麥克筆把它塗黑的？」媽媽問。

「不是，不是我。」

「我再問一次，妳有沒有把它亂塗。」

「沒有。」小女生回答得很篤定。

「我再給妳一次機會，眞的沒有嗎？」

小朋友點點頭。

由於他們家中設有佛堂，佛堂上供奉了幾尊菩薩，於是媽媽說：「好，等一下我要去問菩薩，菩薩就會告訴我，是不是妳做的。妳自己講實話，我不會罵妳，如果不講實話，我就會打妳。我再給妳一次機會。」

孩子立刻點點頭，承認是她做的。

舉頭三尺有神明，管教孩子時，不管佛菩薩還是耶穌基督，只要有需要，適時請祂們出面，確實可以收到一些效果。

說一不二

我們公司有一位同事，他們家中對小孩禮貌的教育非常嚴格。

每當小孩回到家，只要進門一看到奶奶，一定要先問候：「奶奶，我回來了。」如果沒有跟奶奶問好，孩子的父親絕對不會說：「下次要記得問候奶奶喔！」而是直接叫孩子出去，重新再回來一次，直到孩子學會進門的第一堂功課為止。

當父親在教育孩子時，即便打得很兇，家人也都不能干預。

有時奶奶心疼孫子，想出面阻止，但都遭到家人的勸阻。因為一旦奶奶出手相救，孩子以後犯錯就會找靠山，無法學習到正確的是非對錯。

通常他們的作法就是在事後討論：「下次像這種情況，是不是可以不必打得那麼兇。」反正無論如何，就是不能當面爲孩子挺身說話，以維護家庭教育的一致性。

其實這位爸爸並不常打小孩，只是每次的懲罰都會令他們印象深刻。所以當他們出門時，如果孩子吵鬧，只要爸爸看他們一眼，吵鬧立刻停止。

特別是在外面餐廳吃飯時，孩子們總像是到了快樂天堂一般，到處奔跑嬉鬧。但大人通常不想在外面打小孩，以免破壞形象，這時候爸爸就會說：「如果你們再不好好吃飯，回家你們就知道會怎麼樣了！」兩個小孩立刻安靜下來，乖乖把飯吃完。

孩子的父親教育他們的方式很嚴格，管教孩子的方法，有時媽媽或奶奶也會心疼，但爸爸的觀點是，如果你輕輕拍孩子，他會以爲你在跟他玩，反而收不到教導的效果，不如重重打一下，他才會感受到事情的嚴重性，才會知道錯誤。

如果下次再發生類似的事情，只要對他說：「你還想像上次那樣被打嗎？」他會立刻喚起上次被懲罰的記憶，就不敢再調皮了。

旁人見狀也許會說：「他還那麼小，又不懂。」但學習就是從不懂變成懂的過程，現在不教，他什麼時候才會懂。

這就是爲什麼很多人會提倡胎教，隔著肚皮對著幾個月大的孩子說：「你要乖乖喔！」難道他聽得懂嗎？

這當然也是潛移默化的一種教育方式。

當孩子在公衆場合失控

專家說，孩子在很小的時候，就有面子和自尊心的感受。帶孩子出門，如果他們在公共場合失控驚聲尖叫，有些父母會放任不管，他們的理由是，孩子本來就該讓他們自由自在成長。

但問題是，如果他的行爲已經影響到別人，父母就應該盡早介入處理。

當我的孩子還小的時候，只要他們在公共場合不聽話哭鬧，我唯一的法寶，就是把他們拉到廁所，然後……然後對他們好言相勸：「拜託不要哭了，大家都在看我們，這樣很丟臉耶！」

拉進廁所絕不是把他們毒打一頓，或是大聲斥責，千萬不要以爲他們因此就會害怕，硬碰硬的結果，可能會發生大爆發。

在廁所的獨立空間裡，時間和空間都只屬於你們親子倆，好好跟他溝通，孩子比較容易平靜下來。就算他不聽，最後也會哭累，關在裡頭哭，總好過在外面嚎啕大哭，引來他人關注的眼光。等孩子過了那波情緒起伏，再出來繼續你們的行程。

如果發生失控的場景是在公車或捷運等沒有獨立密閉空間的處所，除了要顧及大人的面子，也要兼顧小孩的顏面，盡量找出小孩哭鬧的原因。

如果是因爲他想買東西你不讓他買，這時候要很嚴肅地告訴他，就算他再怎麼哭鬧，還是得不到他想要的玩具，要讓他知道，透過哭鬧的手段來索取想要的東西，是不對的。

小孩也會累積自己的學習經驗，哭一次、兩次都沒有用，最多哭不過三次，他會知道，耍賴是沒有用的。也讓旁人知道，身爲父母的你，面對在公開場合哭鬧的孩子，不是置之不理，完全不管教，但也不必爲了顧全自己的面子，刻意把孩子的行爲醜化。

偶爾，我們會看到一些父母，爲了掩飾自己的難堪，反倒讓孩子成爲大庭廣眾的笑柄：「大家看這個無理哭鬧的小孩，好好笑喔！」這種作法並不會讓情況好轉，小孩只會哭得更厲害。

面對孩子的無理要求，父母親必須很嚴肅告訴他，那是不可能的，同時必須讓他們了解爲什麼不行的原因。

千萬不要輕易妥協，這是態度問題。

因爲孩子也在測試你到底能夠堅持多久，當他知道哭鬧是行不通的，不久後他就會尋找別的方法或出口了。

當心怒罵留下陰影

大家都覺得身爲父母就應該教育小孩，小孩錯了就應該罵。

父母親不是不能動怒，但動怒方式應該落在可以控制的範圍內，否則孩子失控，大人也跟著失控，以情緒性字眼責罵孩子，有時甚至會對孩子造成一輩子的成長陰影。

千萬別再以爲「我們以前不也是這樣被罵過來的嗎？」是啊！但那是古早清末民初的事情，現在已經是二十一世紀了，時空背景已經相去甚遠。

儘管父母與子女屬於「不平等的權利義務關係」。不過傷了孩子的自尊，對父母也沒有好處，日後還要花一段很長的時間修補親子關係。小孩也是一個法律權利的個體，如果在公開場合辱罵小孩過於不堪，同樣有法律刑責。

過去我們常說：「法不入家門」。雖然這個原則現在不再適用，但如果孩子因爲父母管教失當而怒告父母，通常法官都會問他們：「你眞的要告你的父母嗎？就因爲他在教訓你的時候順口罵了幾句，你就要告他，你要不要再考慮考慮？」但是如果孩子眞的決心告到底，我想還是有可能會成立。

另外還有一種「不平等的權利義務關係」，就是師生關係。

但現代社會把學生的自主權詮釋過頭，導致很多老師什麼都不敢做。

老師可以教學生，可以兇學生，可以表達你的憤怒，但不代表你可以用情緒性的攻擊字眼辱罵學生，這是每個人都應該學習的地方。

04 來不及說的愛

別把婆婆當媽看

很多人不知道該怎麼跟長輩聊天，總覺得彼此的生活很少交集。其實和長輩聊天很簡單，只要嘴甜，先跟老人家問好，問他最近身體好不好，讓他知道你關心他。只要談起健康，跟老人家就會有聊不完的話題了。

不過，和長輩溝通，大家最感到傷神的，往往不是跟自己父母，而是婆媳或岳婿的關係。

自己的父母，不管如何耍賴撒嬌，他們通常會包容你，但是公婆或岳母可就不同了。

女婿與丈母娘或老丈人相處，問題比較不大，因爲他們有個「人質」在你家，擔心你對他們的女兒不好，所以通常會對女婿很客氣，不會過分挑剔。難怪人家說：「丈母娘看女婿，越看越有趣。」

相較於岳婿之間的輕鬆如意，婆媳關係可就得好好經營，尤其是身爲媳婦的人，對婆婆說話宜多加用心，平常嘴巴甜一點，當婆婆指正妳的時候，先拉上嘴巴的拉鍊，虛心受教，以後的日子會好過一點。

總而言之，**婆婆可以拿媳婦當親生女兒看待，但媳婦絕對不能把婆婆當作親生媽媽一樣看待，就算感情再好，說話也不能失了分寸，還是要保持敬畏之心，因爲敬意才是彼此最好的距離。**

報喜不報憂

有些夫妻吵架，太太喜歡向娘家抱怨先生的不是，迫使岳母不得不出面「處理」，這一處理，事情就鬧大了。夫妻之間的問題，一旦有雙方長輩涉入，問題通常只會擴大，不會獲得改善。

夫妻吵架不吵隔夜架。

就算眞的吵架，也絕對不要把對方的家人牽扯進來。只要牽扯到對方家族，戰火一定很難平息。因爲你從小在自己的原生家庭長大，一定會想辦法保護自己的家人。

夫妻間如果能夠愛屋及烏，那是最完美的狀況，如果不能，最起碼也要獨善其身，不要攻訐對方家人的缺點，兩家之間也不要做比較，究竟是爺爺奶奶給孫子的紅包比較多，還是外公外婆比較多？

爺爺奶奶比較疼孫子，還是外公外婆比較疼？

這一比較，往往會傷了和氣。

除非你眞的想離婚，否則老是說對方的缺點，長輩只會對你另一半的印象越來越糟。

而長輩這時候只要負責聽就好了，千萬不要幫忙出主意，否則容易弄巧成拙。

在我處理的離婚案件中，如果雙方官司打得不可開交，通常都是因爲兩邊家族加入混戰的關係。當雙方家族在法院碰面，「仇人」相見分外眼紅，互相叫囂打架，因此再多一個官司的例子也所在多有。

長輩總是對孩子放心不下，見到面不免噓寒問暖一番。面對長輩的關心，夫妻兩人的生活，原則上盡量挑開心的說，這樣問題較容易解決。

爸媽我愛你

現在的父母對孩子已經不再吝於說愛；但對長輩的愛還是遲遲不敢說出口，幾乎已經到了自閉的程度。

實際上，我們能夠和長輩相處的時間，遠不如跟小孩相處的時間多，所以應該更珍惜，在有限的時間內，表達你心裡對長輩的愛。

老人家比較拘謹，拉近彼此距離的人，當然就是由子輩或孫輩開始。

如果你不習慣跟爸媽說愛，可以趁孩子跟爺爺奶奶撒嬌時，再搭順風車湊一腳，也許比較不會覺得尷尬。因爲孫子在身邊，這時候爺爺奶奶比較不會太嚴肅，一旦氣氛熱絡溫馨，要表達親暱感，就會比較自然。即使老人家嘴裡說：「講這個幹嘛，三八啦！」但心裡一定是甜甜的。

我一直到我媽媽往生前，還經常動不動就親我媽媽。我是老么，從小就覺得我有這個特權。人家說「老小」、「老小」，老人家年紀越大，越要拿他們當小孩看待，越要讓他們感覺到你有多疼他們。

特別是在他們遭受到病痛威脅的時刻，更需要子女的關愛。如果你平日不習慣表達，當父母面臨無常時，你更是開不了這個口。

在這堂人生的必修課，很多人都選擇曠課，等到大考來臨時，往往手足無措，懊悔不已。面對生死課題，一般人都沒有太多準備，總覺得來得太突然。當醫生宣布的那一刻，身爲子女的各個面面相覷，不知道該如何向父母說明病情。

病情也許無法長時間隱瞞，否則恐怕無法繼續進行後續的醫療行爲，但對病情的發展，可以表現出樂觀的一面。

如果醫生說，這種情況最短的也許半年就離開了，最長的甚至可以活十年。你就可以告訴長輩：「這種病再活十年的人也很多啊！」免得他身心同時承受打擊。

也許有人認爲，應該讓病人瞭解自己的病情，以便安排日後的生活，但我認爲這對病情不會有太大的幫助。

到醫院探望長輩，最好表現出對病情超出預期的樂觀，來這個地方只是當成到旅館小住，幾天後就要回家了。如果探病者各個眉頭深鎖，病人的心情一定會更沮喪。

所有的悲傷應該由晚輩自己承受；所有的快樂都應該和長輩一起分享。

愛要及時說出口，別讓來不及說出口的愛，成為心中永遠的遺憾。

國家圖書館出版品預行編目資料

說出好人緣：謝震武的獨門說話術／謝震武作 . -- 初版 .-- 臺北市：春光出版：家庭傳媒城邦分公司發行, 民99.12
面； 公分
ISBN 978-986-120-442-0（平裝）
1. 說話藝術 2. 口才 3. 人際關係
192.32 99022125

說出好人緣

謝震武的獨門說話術（暢銷慶功版）

作　　者／謝震武
企劃選書人／林潔欣
責任編輯／林潔欣、王雪莉
採訪撰文／曾玉萍

版權行政暨數位業務專員／陳玉鈴
資深版權專員／許儀盈
資深行銷企劃／周丹蘋
業務主任／范光杰
行銷業務經理／李振東
副總編輯／王雪莉
發行人／何飛鵬
法律顧問／元禾法律事務所　王子文律師
出　　版／春光出版
台北市 104 中山區民生東路二段 141 號 8 樓
電話：(02) 2500-7008　傳真：(02) 2502-7676
部落格：http://stareast.pixnet.net/blog　E-mail：stareast_service@cite.com.tw
發　　行／英屬蓋曼群島商家庭傳媒股份有限公司城邦分公司
台北市中山區民生東路二段 141 號11 樓
書虫客服服務專線：(02) 2500-7718 / (02) 2500-7719
24小時傳眞服務：(02) 2500-1990 / (02) 2500-1991
服務時間：週一至週五上午9:30～12:00，下午13:30～17:00
郵撥帳號：19863813　戶名：書虫股份有限公司
讀者服務信箱E-mail: service@readingclub.com.tw
歡迎光臨城邦讀書花園　網址：www.cite.com.tw
香港發行所／城邦（香港）出版集團有限公司
香港灣仔駱克道 193 號東超商業中心 1 樓
電話：(852) 2508-6231　傳眞：(852) 2578-9337
E-mail : hkcite@biznetvigator.com
馬新發行所／城邦（馬新）出版集團　Cite(M)Sdn. Bhd
41, Jalan Radin Anum, Bandar Baru Sri Petaling,
57000 Kuala Lumpur, Malaysia.
Tel: (603) 90578822　Fax:(603) 90576622　E-mail:cite@cite.com.my

封面設計／黃聖文
攝影協力／K.L WEDDING 郭元益婚紗
梳妝協力／許嘉凌
造型協力／徐小嵐
內頁排版／極翔企業有限公司
印　　刷／高典印刷有限公司
服裝提供／KENT&CURWEN（封面服裝）　Felix Bühler of Switzerland（封底服裝）

■ 2010 年（民 99）12 月 07 日初版
■ 2018 年（民 107）10 月 04 日 2版 1.5 刷

Printed in Taiwan
城邦讀書花園
www.cite.com.tw

售價／350元

ISBN 978-986-120-442-0　EAN 471-770-290-411-1

廣	告	回	函
北區郵政管理登記證			
台北廣字第000791號			
郵資已付，免貼郵票			

104 台北市民生東路二段 141 號 11 樓
英屬蓋曼群島商家庭傳媒股份有限公司
城邦分公司

請沿虛線對折，謝謝！

愛情 · 生活 · 心靈
閱讀春光，生命從此神采飛揚

春光出版

書號：OK0063X　書名：說出好人緣：謝震武的獨門說話術（暢銷慶功版）

請於此處用膠水黏貼

讀者回函卡

謝謝您購買我們出版的書籍！請費心填寫此回函卡，我們將不定期寄上城邦集團最新的出版訊息。

姓名：________________________

性別：☐男　☐女

生日：西元__________年__________月__________日

地址：________________________

聯絡電話：__________________ 傳真：__________________

E-mail：________________________

職業：☐ 1. 學生 ☐ 2. 軍公教 ☐ 3. 服務 ☐ 4. 金融 ☐ 5. 製造 ☐ 6. 資訊

☐ 7. 傳播 ☐ 8. 自由業 ☐ 9. 農漁牧 ☐ 10. 家管 ☐ 11. 退休

☐ 12. 其他 ________________________

您從何種方式得知本書消息？

☐ 1. 書店 ☐ 2. 網路 ☐ 3. 報紙 ☐ 4. 雜誌 ☐ 5. 廣播 ☐ 6. 電視

☐ 7. 親友推薦 ☐ 8. 其他 ________________________

您通常以何種方式購書？

☐ 1. 書店 ☐ 2. 網路 ☐ 3. 傳真訂購 ☐ 4. 郵局劃撥 ☐ 5. 其他 ______

您喜歡閱讀哪些類別的書籍？

☐ 1. 財經商業 ☐ 2. 自然科學 ☐ 3. 歷史 ☐ 4. 法律 ☐ 5. 文學

☐ 6. 休閒旅遊 ☐ 7. 小說 ☐ 8. 人物傳記 ☐ 9. 生活、勵志

☐ 10. 其他 ________________________

為提供訂購、行銷、客戶管理或其他合於營業登記項目或章程所定業務之目的，英屬蓋曼群島商家庭傳媒（股）公司城邦分公司，於本集團之營運期間及地區內，將以電郵、傳真、電話、簡訊、郵寄或其他公告方式利用您提供之資料（資料類別：C001、C002、C003、C011等）。利用對象除本集團外，亦可能包括相關服務的協力機構。如您有依個資法第三條或其他需服務之處，得致電本公司客服中心電話 (02)25007718請求協助。相關資料如為非必要項目，不提供亦不影響您的權益。

1. C001辨識個人者：如消費者之姓名、地址、電話、電子郵件等資訊。
2. C002辨識財務者：如信用卡或轉帳帳戶資訊。
3. C003政府資料中之辨識者：如身分證字號或護照號碼（外國人）。
4. C011個人描述：如性別、國籍、出生年月日。

請於此處用膠水黏貼